胡景天◎编著

一页纸上的

管理哲学

世界上最简单实用的
管理自助手册

中国华侨出版社

·北京·

图书在版编目 (CIP) 数据

一页纸上的管理哲学：世界上最简单实用的管理自助手册 / 胡景天编著 .
—北京：中国华侨出版社，2014.7（2024.5 重印）
ISBN 978-7-5113-4780-0

Ⅰ . ①—… Ⅱ . ①胡… Ⅲ . ①管理学 – 通俗读物
Ⅳ . ① C93–49

中国版本图书馆 CIP 数据核字（2014）第 155871 号

一页纸上的管理哲学：世界上最简单实用的管理自助手册

编　　著：胡景天
责任编辑：唐崇杰
封面设计：周　飞
经　　销：新华书店
开　　本：710 mm×1000 mm　1/16 开　　印张：12　　字数：136 千字
印　　刷：三河市富华印刷包装有限公司
版　　次：2014 年 7 月第 1 版
印　　次：2024 年 5 月第 2 次印刷
书　　号：ISBN 978-7-5113-4780-0
定　　价：49.80 元

中国华侨出版社　北京市朝阳区西坝河东里 77 号楼底商 5 号　邮编：100028
发 行 部：（010）64443051　　传　真：（010）64439708
网　　址：www.oveaschin.com　　E－m a i l：oveaschin@sina.com

如果发现印装质量问题，影响阅读，请与印刷厂联系调换。

目 录

01 洛克忠告：组织建设

——规矩可以少定，一旦定下就要严格执行

沃森定律：企业文化
——没有文化的质量，就没有领导的质量

羊群效应：个人管理
——魅力，决定领导力

06 南风法则：柔情管理

——多点人情味，少些压制力

07 横山法则：巧妙激励

——自发才是最有效的，激励员工自发地工作

08 上下车法则：识才用才
——将合适的人请上车，不合适的人请下车

09 白德巴定理：合理授权
——做管理者，不做管家婆

01

洛克忠告:组织建设

——规矩可以少定，一旦定下就要严格执行

企业管理制度是实现企业目标的有力措施和手段。它作为员工行为规范的模式，能使员工个人的活动得以合理进行，同时又成为维护员工共同利益的一种强制手段。因此，企业各项管理制度是企业进行正常经营管理所必需的，它是一种强有力的保证。

制度，让管理更具效率

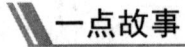 一点故事

18世纪末，英国人来到大洋洲，随即宣布澳洲为他们的领地。但是，怎么开发这个辽阔的大陆呢？当时英国没有人愿意到荒凉的大洋洲去。英国政府想了一个绝妙的办法把犯人统统发配到大洋洲去。

一些私人船主承包了运送犯人的工作。最初，政府以上船的人数支付船主费用，船主为了牟取暴利，尽可能多装人，却把生活标准降到最低，所以犯人的死亡率很高。英国政府因此遭受了巨大的经济和人力资源损失。英国政府想了很多办法都没有解决这个问题。后来一位议员想到了制度。那些私人船主利用了制度的漏洞，因为制度的缺陷在于政府付给船主的报酬是以上船人数来计算的！假如倒过来，政府以到大洋洲上岸的人数来计算报酬呢？政府采纳了他的建议——不论你在英国装多少人上船，到大洋洲上岸时再清点人数支付报酬。一段时间以后，英国政府又做了一个调查，发现犯人的死亡率大大降低了！有些运送几百人的船经过几个月的航行竟然没有一个人死亡。

　　犯人还是同样的犯人，船主还是那些船主，不同的是船主们得到了制度的约束，于是，所有的问题解决了，这就是制度的力量。咱们中国有句老话"没有规矩不能成方圆"，著名管理咨询家刘光起先生也说："管理就是管出道理，道理就是规范规则。"这"管理中的规范规则"不外乎就是管理中的各项规章制度。一个团队有了规范的制度程序，才能保证执行的高效、到位。一套好的规章制度，甚至强于几名管理人员。所以说，管理工作最重要的不是直接去管人，而是制定让人各尽其职的制度。

　　说得直白一点，管理者与下属毕竟存在着一种无形的对立关系，你单在嘴上说服管理，部分人便会对此置若罔闻。但你把规矩定下来，你把规矩摆在那里，你告诉他们什么是规矩，破坏了规矩又该怎么处理，这样，他们的心里便有了一个谱，知道底线在哪里。然后，你只要按规矩办事，就不会有人觉得你滥用权力、厚此薄彼，你的管理行为会更有说服力，管理也会变得更加容易。

　　退一步说，即便你定下的这个规矩还不够成熟，但也比没有规矩要好得多。一个团队若是没有规矩，团队成员心中便少了一杆秤。是的，他们知道你是他们的上司，但并不知道什么是你所允许的、什么是你所不允许的。今天张三犯了这样一个错，你没有察觉，你没有纠正，别人看在眼里。明天李四犯了同样的错误，你发现了，你去批评，大家就迷茫了：这是怎么个情况？张三是领导家亲戚？李四跟领导有仇？猜测各异，众口不一，你并没有弄清是怎么个状况，但你的威严很可能已经就此扫地了。但如果你把规矩摆在那里，无论是张三李四，还是王五赵六，哪个敢轻易以身试法？就算你没有发觉，张三躲过了，那别人也是替他暗自庆幸，李四被抓了个现行，那大家也会替他叫晦气，无关乎你行事的公平性。

当然，规章制度的重要性比这可要大得多，我们做管理者的拿着制度对下属说话，永远比依靠个人权力发号施令底气要硬、力度要大，也更具效率性。上面那个故事就足以说明制度的重要性。

在现代管理中，制度的重要性更是不言而喻。我们做管理者的都知道，如今的竞争在很大程度上就是人才的竞争，而人复杂多样的价值取向和行为特质就要求我们必须营造出有利于共同理念和精神价值观形成的制度和文件环境，并约束、规范、整合人的行为，使整个团队达成目的的一致性，最终实现团队的共同利益。因为人的本性就是懒惰自私的，这一点毋庸置疑，你不用制度约束他，他就不给你完活，所以，不管你只是一个小企业的领导，还是大企业的舵手，都不能忽视制度的重要性。而且，我们不能只是心里有这么一个概念，随便拿出那么一个方案，这不够，这达不到我们想要的效果。你如果不是只为了摆摆样子、吓吓你的下属，你如果真希望自己的制度能够推动团队的发展，那么在以下几个方面，你都要有所关注。

1.制度的可行性

制度是用来规范团队成员的标准，它必须符合团队的实际情况，并能够解决团队存在的一些问题。所以，我们在制定制度的过程中，一定要对团队有个准确的评估。你得多查查、多看看，对现实需求进行深入的调查分析，对需要解决的问题按轻重缓急作出科学合理地划分，采取先重要、后主要、再次要的处理方式。同时，在制度的制定过程中，你必须与团队主要成员做好充分沟通，明确制度的适用范围和目的，预设制度执行过程中可能出现的问题以及应对措施。否则，就算你的文采再好，那也不过是冠冕堂皇的条文，与现实情形背道而驰，无异于一纸空文。

2. 制度的文件化

你不能当着下属的面做一次口头传达，就觉得那是团队制度了，更不能朝令夕改。严肃的制度必须以文件的形式予以明确，并确保制度的稳定性。你别小瞧这文件化的重要性，你要知道，在法律上，口头承诺永远没有契约具备法律效应。是的，你的团队制度或许涉及不到这么严重的问题，但意义上其实大同小异。你把它做成文件，把它放在每个下属每天都能看到的地方，那就形成了一种威慑性。它会每天提醒大家注意自己的行为，这样，效果就出来了。如果你不这样做，你只发布个口头命令，那别人记不记得住暂且两说，日子久了，大家头脑中的概念肯定会模糊，那么制度的威慑性也就模糊了。

3. 制度的执行性

有了制度而无法贯彻执行，那便与没有无异。在制度的执行过程中，你要让手下的人知道，制度不仅仅是规范他们的行为，同时也是为了保障他们的利益和安全，是为了营造良好的团队氛围，以确保大家都能得到更好的发展、都能得到公平的对待，这样，你的下属才能认可制度，而不是抵触。同时，作为制度的制定者，你不能搞特权主义，不能觉得自己高高在上不受任何约束，你应该给下属一种"天子犯法与庶民同罪"的印象。这是很重要的一点，你能做得到，制度才会发挥更大的效用，团队的管理才能真正地提高。

最后一点非常重要，但其实也很容易做到，即你所制定的制度必须符合国家的法律、法规，不能凌驾于国家的法规之上。这一点若是出了问题，那你可真要面临大问题了。

另外还要提醒各位朋友，你手中的规章制度应该是与时俱进、适应时代变化的，这样才能发挥好管人的作用。也就是说，我们作为管理者，必须时刻注意本团队的规则，发现不切实际或不合情理的要及时纠正，不断改革，这一点很重要。可以这样说，一个好的规章制度，必然是不断发展、不断改革着的。这样的规则是活的规则，只有活的规则才有意义。

健全组织形式，搭起企业骨架

◤一点故事

有一个小和尚担任撞钟一职，半年下来，觉得无聊至极，"做一天和尚撞一天钟"而已。有一天，住持宣布调他到后院劈柴挑水，原因是他不能胜任撞钟一职。小和尚很不服气地问："我撞的钟难道不准时、不响亮？"老住持耐心地告诉他："你撞的钟虽然很准时，也很响亮，但钟声空泛、疲软，没有感召力。钟声是要唤醒沉迷的众生，因此，撞出的钟声不仅要洪亮，而且要圆润、浑厚、深沉、悠远。"

管理思考

这样的故事每天都在不同的企业上演，那个老住持就是我们这些企业管理者，小和尚则是我们的下属、我们的员工。我们常常指责下属办事不力，而他们却认为是我们的指示不明确，因为他们觉得自己已经做好了本职工作。

那么，细究起来，责任到底在谁呢？应该在我们这些管理者身上。

因为，小和尚的行为直接受老住持影响，换言之，老住持并没有清晰地划定小和尚的岗位职责。如果他能够在小和尚进入岗位的第一天，就让他认识到撞钟的标准和重要性，包括相应的处罚等，让小和尚深刻认识到——"钟声是要唤醒沉迷的众生"的，那么小和尚就不会漫无目的、消极怠工。

其实许多公司都是这样，很多时候我们只看重效益，只顾着抓工作、忙业务，却忽视了企业的组织形式、岗位职责以及流程制度的建设，从而导致部门职责进一步混乱。但实际上，组织形式才是企业赖以存在的骨架，是命令得以传布的渠道，组织形式不健全，我们就会像那个老住持一样，无法使指挥发生功效。

要知道，一个人受其能力所限，所能指挥的人员必定有一定的限度，直接管理4~6人为宜。日本著名管理专家山本成二就提出，主管的要素有三：人为，目标的贯彻，各自的自发行动。

所谓"人为"，意思是指附加于人的行动，"为了有效地发挥组织的力量，必须适当地限制部下的自由意志"。

管理者必须明白，领导力就是建立在这种事实之上，而且必须了解到，意志的自由不愿意受到限制，此乃人类的本能，所以应该尽可能减少这种限制，进而减少这种限制对部下产生的心理上的刺激。

因此，管理者应该多运用积极的刺激，而不能用消极的刺激，甚至要使人类生理上动物本能的部分也能均衡地运作，以使部下不至于产生意志的自由受到限制的不愉快的感觉。

这一点，可以说是管理者领导成功与否的关键所在。

以平常人而论，如果桌上摆三四部电话，尚可以应付得来；如果超过了六部电话，连哪一个在响大概都分不清楚。

同样，如果要使数人同时运作，就得适当地加以分组。以一个2000人的公司为例，可以分成5个部门，一个部门又可以分为4个司，一个司又可分5个股，每股之下再分4个组，这样最小的组织单元就仅有5个人。适当地把权责委任给各部门经理、主任、股长、组长，那么指挥2000人就如同指挥4~5个人一般轻松。

军队的组织常采用三三制，这样的组织最容易指挥。办公室、工厂自不必像军队那么严谨，可以稍微放松些。

比如说，一个工长如果管理20名车床工的话，他可以把他们分为3个组，自己只需指挥3个组长即可。

指挥的人数与号令、命令、训令之间有很大的关系。体操的号令，只要通过麦克风，一个人就可以指挥几万人，因为集体操的动作都一样。

如果每个人的动作各不相同，也就是说对每个人都得下不同的号令时，那么能够指挥的人数顶多就是3人，而且3人就足以让管理者手忙脚乱了。

而训令的方式只在于表明意图，实行的方法采用放任为主，所以是一种能指挥最多的人数的方式。

至于编组中的个人，必须只接受一人的命令进行动作。如果有两位上司的话，他们同时下了不同的命令，就会使受令者难以适从。因此，当适当的组织形式健全之后，各级领导就必须尽量避免越级指挥，也不允许下级随意越权上报。

举例来说，厂长最好不要越过各车间主任而直接命令工长，而且还要避免同级的两个部门同时对一个下级单位发布命令，因为一旦这些命令是相互冲突的，那么组织的工作就会发生混乱。

总而言之，组织形式说到底就是实现企业目标的一种手段，必须服从和服务于企业目标的实现；健全组织形式的内涵是人们在职、责、权等方面的划分与相互联系，从而形成一定的结构体系。这一点很重要，我们一定要做好。

建立合理用人机制，让大家都有粥吃

有七个人住在一起，每天共喝一桶粥，显然粥每天都不够。一开始，他们抓阄决定谁来分粥，每天轮一个。于是每周下来，他们只有一天是饱的，就是自己分粥的那一天。后来他们开始推选出一个道德高尚的人出来分粥。强权就会产生腐败，大家开始挖空心思去讨好他、贿赂他，搞得整个小团体乌烟瘴气。然后大家开始组成三人的分粥委员会及四人的评选委员会，互相攻击扯皮下来，粥吃到嘴里全是凉的。最后想出来一个方法：轮流分粥，但分粥的人要等其他人都挑完后拿剩下的最后一碗。为了不让自己吃到最少的，每人都尽量分得平均，就算不平均，也只能认了。大家从此快快乐乐、和和气气，日子越过越好。

██ 管理思考 ██

管理的真谛在于"理"，而不在"管"。作为管理者，我们的主要职责就是建立一个像"轮流分粥，分者后取"那样合理的用人机制，让每名员工都能够按照制度自主管理。这个机制要兼顾企业与个人的共同利益，并且要让二者和谐地统一起来。换言之，一个组织能够呈持续健康发展状态，那么，其用人政策、用人导向一定起了很大作用。想要问问大家，团队之间的市场竞争、技术竞争、质量竞争、服务竞争、管理竞争等一切竞争，靠的是什么？毫无疑问，是人！这很好解释，因为归根结底只有人才能对环境变化作出积极反应，并采取相应对策赢得博弈的胜利。所以说，一个团队若想在竞争中立于不败之地，最根本的做法就是吸纳真正的人才，并给予人才发挥才能的最佳环境。

然而，由于长期的计划经济体制影响，使得某些企业管理者日渐形成了"等""靠""要"的懒散思想。因为这类企业的产品是"皇帝的女儿不愁嫁"，所以其管理者竞争意识并不强，因而也就随之忽略了人才管理的重要性，致使大量人才被埋没，形成了人力资源的极大浪费，这是很让人痛心的。即使近年来，我国的经济增长态势颇好，但仍无法掩盖"劳动生产率低下""效率不高""用人结构不合理""缺乏竞争力"等管理中出现的漏洞。毫无疑问，如果想从根源上解决它们，唯一的途径就是加强人的管理，建立完善的用人制度。这已然是大、中、小、国营、私营企业管理者们当前亟须解决的首要问题，是大势所趋。否则，你所领导的团队就只会形同一盘散沙。

那么，什么样的用人制度才能称之为完善呢？举例给大家说明一下。

著名企业马克西姆餐厅的用人制度就十分讲究，它们对于员工严格任用、严格管理，使得每名员工都能养成很高的职业素养。

所谓严格任用，顾名思义就是用高标准来要求员工，以事择人，绝不勉强；一旦发现用人上的失误和漏洞及时修正，绝不将就。在"马克西姆"，有着严格的任免制度，餐厅在提升和任用各级管理人员时，必须依据固有的标准，条件不够或不成熟者，绝不会轻易得到迁升。没有达到领班水平的，绝不能提升为领班，即使在领班短缺的情况下，也不可改变这一原则。这样做的结果是什么呢？他们最大程度地保证了每一级工作人员的水平，更保证了整个餐厅的服务水准。

所谓严格管理，主要是体现在各项规章制度上。"马克西姆"从卫生条件到服务，甚至到回答客人的各种问题，都有严格的规定，内容全面具体，任何员工都不得违反。例如有这样一条规定：对顾客提出的任何问题，永远不能回答不知道。如果遇到自己不清楚的问题，应向客人说明，马上去问，然后给顾客一个满意的答复。这在服务人员中已经形成了一种职业习惯，即必须尽力给顾客以满意的回答。大家可以想象一下，如果我们在这样的环境中就餐，要给人家评多少分？肯定低不了。那么，如果下一次我们还想吃西餐，首选又会是哪里呢？

然而，规章制度的建立并不困难，难的是长期有效的执行。马克西姆餐厅在这一点上也有它自己的独到之处。虽然它们也像其他企业一样有着严格的惩罚条例，但它们更注重调动工作人员的积极性，使他们能够比较自觉地遵守各项制度。

当然，我们以马克西姆餐厅为例，更多的是希望大家能够认识到严格的用人机制对于团队发展的重要性，事实上每个团队都有其自身特质，不能"依葫芦画瓢"，照搬人家的东西。不过，总结起来，管理者在建立用人机制时，还是有一定的规律可循的，朋友们一起去看一下。

一、我们需要建立过硬的选用监督制度。这一点很重要，朋友们必须注意，人才的选用一定要严格谨慎地加以甄别，不可任人唯亲。只有这样，我们的团队才能选到真正的人才，才能促使人才最大限度地发挥自己的潜能，才能使人才真正成为团队发展的雄厚资本。

二、我们需要建立完善的用人保障机制。事实上，没有人可以一眼辨别出"庸才"与"人才"，人才潜能的发挥，需要一定的时间，需要一个渐进的过程。作为团队领导者，我们若想让人才充分发挥他的才智，就需要为他解除后顾之忧，给予人才生活上的保障。三、我们需要建立完善的用人激励机制。一个良好的激励能促使人发挥出更大的潜能，这一点毫无疑问。所以，我们需要设法激发出团队成员的热情和潜力，让他们最大限度地发挥自己的才智，这样，团队才能得到更长远的发展，团队和成员才能够达到共赢。

四、我们需要把人才用在刀刃上。作为领导者，我们若想使人才成为团队发展的最大推动力，首先就要营造良好的用人环境，要纳贤、爱贤，要为人才找到适合其发展的位置，为各类人才充分发挥自身所长创造有利条件。

另外需要强调的是，当前，在选人用人中所存在的问题，并不仅仅是没有机制或是机制不健全，执行力不够也是管理中很大的一个败笔。事实上，很多好的机制恰恰是在"一片落实声中落空"。朋友们如果说不想这种现象出现在自己的团队中，就应该坚持当好选人用人的"看门人"。也就是说，我们应以身作则、秉公用权，在选人用人的问题上坚决抵制不正之风，不因私而忘公。即凡是制度上明确规定的，一定要带头执行；凡制度所不允许的，一定要坚决摒弃，绝不可把制度当成可松可紧的"橡皮筋"，当成可揉可捏的"泡泡糖"。只有这样，我们才能切实维护选人用人制度的权威性和严肃性，将滥竽充数或有才无德之人统统挡在团队的大门之外。

定好薪酬机制，减少人员流失

在一个冬夜，老乞丐行走在雪地里，突然，不知是什么东西绊了他一下，老乞丐重重地摔倒在地上。他慢慢地爬起来，低头一看，是只断了一条腿的狗横卧在马路中间把他绊倒的，这只狗用绝望的眼神看着他，眼里噙着泪花。老乞丐突然产生了一种同病相怜的感觉，于是接下来的日子里，他靠每天在垃圾堆里捡一些人们吃剩的骨头喂这只狗，但是骨头的数量根本就无法满足这只狗的胃口。这是没有办法的事，因为他也整天饿着肚子。

老乞丐看着这只狗已经能够顺利行走了，对它说："走吧，在我这儿你会被饿死的。"可是这只狗就在他身边摇着尾巴，用舌头不断地舔着他那粗糙的手心，眼里充满期望的目光，好像在说："我以后不会离开你的。"老乞丐看着这一幕，眼泪禁不住夺眶而出，他活了这么大的岁数，第一次有了成就感。最后他决定，与这只狗相依为命，度过自己的残生。

可是有一天，在一座大饭店门前，他们享受了一次意外的美餐。有一家人在这个饭店里举办婚礼，把很多剩菜剩饭给了这个老乞丐。最后，老乞丐吃得挪不动步了，他的狗看着剩下的一大堆骨头也没有了胃口。但是，美好的场景终究是一时的，他们不得不回到现实中来。接下来，他们依然要面对饥饿。老乞丐倒是无所谓，因为他已经习惯了这种生活，可是他的狗不一样，美餐已令它难以忘怀。

终于，在一个冬夜，还是像他们相遇时那样寒冷的一个冬夜，它离开了他。第二天清晨，老乞丐又来到那座饭店门口，躲到墙角，看着他的狗在饭店门口不停地摇着尾巴。他叹了一口气，含着眼泪走了。

管理思考

"薪酬激励"，这是一个令很多管理者一提起来就挠头的问题，它是一把"双刃剑"，用得好就可以给企业带来蓬勃的朝气，用不好就有可能成为企业和谐的破坏者。

一些缺乏经验的管理者或许认为，奖励自己的员工就要让他吃得饱饱的，其实这并不值得提倡，因为人的欲望永远也无法满足，员工也不例外。换言之，你永远也不可能真正喂饱他。当然，我们也不是教唆企业在员工身上节约成本。问题的关键还在于我们怎样去奖励，也就是说，我们要在奖励的方式上下足功夫，才能卓尔有效。

目前，在市场经济全球化和中国经济高速发展的大环境下，很多企业都得到了快速的成长和发展。但与此同时，企业管理中也出现了不少的问题，管理水平的落后越来越凸显，尤其是人力资源，俨然已经成为管理者最为头疼的问题之一。于是常听做管理的朋友说："现在当个头儿可真难，一方面是招不到人，一方面招来人又留不住。"而你去问他们原因，他们又大多回答不到要点上。他们并不知道，导致自己手下人才流失严重的一个关键性因素就是——他们本身缺乏薪酬管理理念，不重视薪酬管理。

这是一个无须争辩的事实，在国内，薪酬制度往往都是总经理、老板一个人说了算，很多企业确实没有形成合理、规范的薪酬体系；没有科学的薪酬设计，也没有固定、完善的薪酬框架，随意性很大。这些问题，在企业的起步阶段，尤其是对于规模较小的企业而言，影响并不大。但是，随着企业的不断发展，随着队伍的不断壮大，它的弊端就凸显出来了。简言之，薪酬制度的不规范，直接引发了企业管理中的"格雷欣法则"现象的发生。

或许有朋友要问，什么是"格雷欣法则"？事情是这样的：英国经济学家格雷欣发现了一个有趣的现象，两种实际价值不同而名义价值相同的货币同时流通时，实际价值较高的货币，即"良币"必然退出流通它们被收藏、熔化或被输出国外；实际价值较低的货币，即"劣币"则充斥市场。人们把这种现象称为"格雷欣法则"，亦称为"劣币驱逐良币规律"。

那么，企业管理中的"格雷欣法则"现象又是怎么一回事呢？给大家解释一下。目前，所有企业在薪酬或人力资源管理方面均可能发生与格雷欣所见类似的情形，而且实际生活中的例子亦屡见不鲜。这是由于企业在薪酬管理方面没有充分体现"优质优价"原则，高素质员工的绝对量尤其是相对量下降这一方面表现为对自己薪酬心怀不满的高素质员工另谋高就，另一方面亦表现为企业外高素质人力资源对企业吸纳诉求消极回应。很显然，做管理工作的朋友都知道，这一般会导致企业低素质员工绝对量，尤其是相对量上升。一定数量高素质员工留下的工作岗位，需有更多低素质员工填补时尤其是这样。而且，这还只是薪酬管理"格雷欣法则"刚启动时的情形。

当然，我们不能将所有高素质员工的流失都归结为"格雷欣法则"

惹的祸。有时，高素质员工流失是由于用非所学，有时则由于个人的价值取向与企业主流文化存在难以弥合的差异，等等。但确有相当一部分高素质员工的流失是由于薪酬或人力资源管理"格雷欣法则"的作用。具体表现为：

其一，在同一企业中，由于旧的人事与薪酬制度惯性等，一些低素质员工的薪酬等于甚至超出高素质员工，从而导致低素质员工对高素质员工的"驱逐"。

其二，在同一企业中，由于旧的人事与薪酬制度惯性等，虽然高素质员工的薪酬超出了低素质员工，但与员工对企业的相对价值不成比例。现阶段，这是低素质员工对高素质员工"驱逐"的一般情形。

很多做管理的朋友都知道，出现上述情况对于企业而言绝对是多害而少益的，但事实上它的确存在，而且还很普遍。究其根由，还是国人的传统观念太重，不管做什么总讲究个论资排辈，即便是面对管理这么重大的事情，也不能免俗。但是，很多事情，尤其是对管理而言，有相当一部分"旧东西"是必须替换的，否则不停地在老路上兜圈子，那早晚是要被淘汰的。所以我们建议大家：

一、树立新的薪酬观。做管理的朋友需要形成这样一种认识——把员工薪酬的提升看作是员工素质提高、企业兴旺发达的重要标志。大家不要觉得这是在自欺欺人，因为，如果我们处理得当，那么薪酬提升是绝对可以启动员工素质提升与企业效益提高的良性循环的。

二、把薪酬调查作为企业薪酬管理不可忽视的环节，尤其是企业核心员工的薪酬调查。大家也不要忽略这一点，试问，员工最看重的是什么？没错，一定是自己的薪酬待遇，即便再忠心、再优秀的人才也不外如是。那么，当自己的薪资低于外界平均水平时，换作是你，你会怎么做？答案已经很明显。所以，我们不仅要了解竞争性企业核心员工的薪酬水平，对其他行业核心员工的薪酬水平亦应有较为广泛的了解，这样才能对下属员工的薪资待遇进行及时的调整，以免他们心生怨气。

三、为员工提供有竞争力的薪酬，使他们一进企业便珍惜这份工作，竭尽全力，把自己的本领都使出来。这也就是说，对于人才，我们可以为其提供高于业内平均水平的工资，最重要的是把他们吸引过来，并留为己用。对于我们而言，这是一种小付出，但却可以收到大回报——他们会用自己的能力为我们创造高出人力投资 N 倍的效益。

四、重视内在报酬。我们应该认识到，员工希望在工作中所得到的除了工资、福利、津贴和晋升机会等外在报酬外，还有基于工作任务本身的内在报酬，比如说对工作的胜任感、成就感、责任感、受重视、有影响力、个人成长和富有价值的贡献等。这些与员工的工作满意度密切相关，对那些知识型员工来说尤其如此，所以我们不得不重视。我们可以通过工作制度、员工影响力、人力资源流动政策来执行内在报酬，让员工从工作本身得到最大的满足。

五、让员工收入和技能挂钩。我们可以建立个人技能评估制度，以雇员的能力为基础确定其薪酬，工资标准由技能最低到最高划分出不同等级。这种评估制度的最大好处在于：员工会因此较多地关注自身的发展。

当然，在这里，我们只是给大家提供一些可供选择的、行之有效的建议，具体的方法和措施还有赖于朋友们根据本团队的实际情况去发挥自己的能力和才智，如果说大家运用得好，就完全可以让你的员工干劲朝天，但如果运用得不好，则只会适得其反。所以笔者觉得有必要再次提醒大家，我们在对员工执行薪酬制度时，一定要注意遵循以下几个原则。

一、公平性原则。员工对于工资分配的公平感，也就是对工资发放是否有公正的判断与认识，是我们在设计工资制度和进行工资管理时首先需要考虑的因素。这里的公平性包括三个含义：本部门工资水平与其他同类部门工资水平相当，本部门中同类员工工资水平相当，员工工资与其所作贡献相当。对此，希望大家心里有个正确的评估。

二、激励性原则。我们应根据优劣情况，在员工的工资水准上，适当拉开差距，以此体现出按贡献分配的原则。至于平均主义的"大锅饭"分配制度的落后性及其奖懒罚勤的负面作用，人们分析得已经很多了，这里就不再赘述。

三、经济性原则。提高工资水准，固然可提高其竞争力与激励作用，但同时不可避免地会导致人力成本的上升，所以工资制度不能不受经济性原则的制约。不过，我们在考察人力成本时，不能仅看工资水平的高低，还要看职工所能取得的绩效水平。事实上，后者对企业产品的竞争力的影响，远大于成本因素。也就是说，员工的工作热情与革新精神，对企业在市场中的生存与发展起着关键作用，若过多计较他们的工资给多给少，难免因小失大。所以，我们不能大手大脚，但也绝不要太小气。

说了这么多就是希望大家能真正认识到，合理的薪酬制度是充分发挥员工积极性的重要手段，是树立高度的工作责任感，以及推动目标执行到位的重要保证。我们对此绝不可小觑，而做好这一点最基本的两个条件就是：管理者要客观、公正。

引入竞争机制，让员工活跃起来

一点故事

国外一家森林公园曾养殖几百只梅花鹿，环境幽静，水草丰美，又没有天敌。几年以后，鹿群非但没有发展，反而病的病，死的死，竟然出现了负增长。后来他们买回几只狼放置在公园里，在狼的追赶捕食下，鹿群只得紧张地奔跑以逃命。这样一来，除了那些老弱病残者被狼捕食外，其他鹿的体质日益增强，数量也迅速地增长着。

管理思考

竞争，它可以说是推动一个社会、一个企业、一个人前进的主要动力之一。国际上为什么要制定"反垄断法"？从某种程度上说，它就是在提倡竞争，因为有了竞争，社会才能有进步。我们完全可以这样说，英特尔如果没有 AMD 这个竞争对手的话，芯片技术的发展甚至可能要比现在落后十几二十年；微软就是因为在操作系统领域一家独大，才会出现满意度极低的 WindowsVista 这类产品，而它的主要竞争对手竟然是过去自己开发的 WindowsXP！

事实上，竞争带给人们的动力很多时候是我们无法想象的。以学生时代为例，不知朋友们有没有注意到这样一种现象：大多情况下，学习好的学生成绩会越来越好，差的学生则会越来越差。这是为什么？因为名列前茅的几位都希望下次考试能超越前面的同学，而排在第一的那个自然也感受到了压力，更加会努力保住自己现有的地位。但排在后面的就不同了，他们会觉得考好考坏都无所谓，因为没有人会跟他们争夺最后一名的"殊荣"。

在团队管理中又何尝不是如此？如果说，我们能够让每名成员都感受到竞争的压力，那么他们自然会焕发出动力，力争上游，这样，整个团队都会变得越来越好；相反，如果说我们给不了他们这种压力，他们就会觉得无所谓，就会开始懈怠，因为每个人都是这样，没有什么可比性，这样一来，你所率领的团队就极有可能越变越差。

事实上，到了今天，可能很多做管理的朋友都已经意识到了竞争的重要性，他们当然也希望通过某些手段来改变这种现状，于是开始在团队中添加一些激励政策。但这里有一个误区，很有必要提醒大家一下。

有些朋友会在自己的团队中设立"优秀员工奖"的年度评选，其初衷是为了激励大家更加努力地工作，但事实上，他们可能只激励了那一部分获奖的员工。为什么这样说呢？

首先，这个评奖可能并不能体现真正的公平。很多管理者可能会设法通过工作手段使上一届优秀员工得主在这一次落选，目的是让大家都能"尝尝甜头"。这从平衡的角度上说，无可厚非，但从激励的角度上说，就显得不那么给力了。

其次，这个奖的吸引力不够。换言之，如果你颁发的"优秀员工奖"是上万元的奖励，那么相信每个人都会积极争取；但如果你给的只是那么一点不起眼的东西，就另当别论了。或许有朋友要说，我们的目的是"不重金钱，鼓励为主"，是要让员工看到获得这个奖的荣誉。那么麻烦大家扪心自问一下，倘若换作是你们，会不会为了几百块拼了老命？所以，很多人会对这个奖不屑一顾，这样也就没了竞争，也就没了动力，而那奖可能只是颁给特定的几个人而已，对于提高整个团队积极性的作用则是微乎其微。

综上所述，作为管理者，我们必须为自己的团队建立起良好的竞争机制，不单单是为了员工的个人成长，也是为了我们所率领的团队能够越变越强。否则，若不及时反省自己的管理原则，那么我们随时都有可能惨遭淘汰。事实上，当前国内许多企业办事效率不高、效益低下，员工不求进取、懒散松懈，从根本上说，就是缺乏竞争的结果。我们既然看得到，就不要让自己重蹈覆辙，我们可以在自己的团队中引入多种多样的竞争，例如，进行各种竞赛，如销售竞赛、服务竞赛、技术竞赛等；公开招投标；进行各种职位竞选；用几组人员研究相同的课题，看谁的解决方式最好，等等。还有一些"隐形"的竞争，如定期公布员工工作成绩，定期评选先进分子等。你可以根据本团队的具体情况，不断推出新的竞争方法。

但需要申明的是，不管你用什么方法，必须要注意竞争规则的科学性、合理性，执行规则的公正性；要防止出现不正当竞争，培养团队精神。因为竞争一旦走了形，不但不能激励员工，反而会挫伤员工士气。如果优秀者受到揶揄，就是规则出了问题，不足以使人信服。我们必须认识到，竞争中任何一点不公正都会使竞争的光环消失。如同一场裁判偏袒一方的足球赛，如果竞选某一职位，员工知道你们早已内定，还会对竞选感兴趣吗？如果进行销售比赛，对完不成任务的员工也给奖，能不挫伤先进员工的积极性吗？失去了科学与公正，竞争也就失去了意义。只有我们先做到科学公正，竞争才能达到效果。

另外，我们还要有所准备，因为凡是竞争激烈的地方，经常发生不正当竞争，如，一些人不再对同伴的工作给予支持，背后互相攻击、互相拆台；封锁消息、技术、资料；在任何事情上都成为水火不相容的"我们和你们"；采取损害公司整体利益的方法竞争等，这些竞争势必破坏团队精神。团队的成功依赖于全体成员的团结、目标一致，而不正当的竞争足以毫不含糊地毁掉一个团队。为了避免这种情况的发生，我们一是要进行团队精神塑造，让大家明白竞争的目标是团队的发展，"内耗"不是竞争的目标；二是要创造一个附有奖励的共同目标，只有团结合作才能达到；三是要对竞争的内容、形式进行改革，剔除能产生彼此对抗、直接影响对方利益的竞争项目；四是要创造或找出一个共同的威胁或"敌人"，如另一家同行业的公司，以此淡化、转移员工间的对抗情绪；五是要直接摊牌，立即召见相关方面把问题讲明白，批评彼此暗算、不合作的行为，指出从现在开始，只有合作才能受到奖励，或者批评不正当竞争者，表扬正当竞争者。

不可否认的是，竞争确有负面影响，尤其在员工素质较差时，可能会出现一种无序的恶性竞争或不良竞争，影响团队的发展。但竞争的好处是显而易见的，利大于弊，所以我们还是大胆地鼓励竞争吧！要知道，只有平庸的人才害怕竞争。

02

沃森定律:企业文化

——没有文化的质量，就没有领导的质量

就企业相关经营业绩来说，企业的经营思想、企业
精神和企业目标，远远比技术资源、企业结构、发
明创造及随机决策重要得多。

树立团队文化，引入团队灵魂

一点故事

青岛双星集团是我国制鞋业的旗舰企业，也是当今世界上生产规模最大的制鞋业企业。

对双星人来说，经营理念的具体内涵是，"市场是企业的最高领导"，企业"生产跟着市场走，围着市场转，随着市场变，将市场作为检查一切工作的标准"，"有人就穿鞋，关键在工作"，"等待别人给饭吃，不如自己找饭吃"，"岗位是市场，竞争在机台"，"不干活的要下岗""功劳平平的要换位"等。在这样一系列理念指导下，双星集团20多年来敢为人先。1983年年底，他们在青岛市第一个摆脱商业部门的束缚，背着鞋箱到市场找饭吃。在双星集团，那些不干的、看的、光知道喊口号的和调皮捣蛋的是绝对没有市场的。

管理思考

在国内，在很多具有传统观念的管理者看来，团队文化是十分虚化的东西，因为它不能直接产生效率和效益，而是通过对团队成员施加价值观和思维方式的影响，间接地提高生产力。不过要知道在现代管理中，团队文化绝对不是个可有可无的东西。

在新时代中，决定团队兴衰成败的，不是资本的竞争力，而是文化的竞争力。优秀的团队文化是指导和约束团队行为的价值理念，是团队管理的灵魂，是团队发展到一定时期，在团队管理水平不断提高基础上的必然产物，是团队向更高层次发展的内在要求，是推动团队发展的内驱动力。它不是游离于管理体制之外的，其本身就是管理体制的重要组成部分，更是领导者管理理念的直接反映。

不可否认，如今，很多管理者都认识到了团队文化对于团队发展的重要意义，但仍有很多朋友对于团队文化的认识存在误区。他们认为，团队的文化就是自己的文化，自己设定一个什么样的文化、什么样的制度，团队成员就应该照葫芦画瓢。不管这个瓢是圆是扁，作为下属只管照样子画就好了。如果有什么疑义，那就是对自己的不忠、对团队的不忠，就该受到惩罚，甚至应该走人下课。

这种专制主义带来的后果是什么呢？毫无疑问，保住饭碗、保住薪水是团队中每一个成员的基本想法，因此，对于这种强制性的团队文化，他们都是敢怒不敢言。长此以往，团队就形成了以领导文化为核心的奴化式的团队文化。在这样的团队里，把大家"凝聚"在一起的共同基础不是真正的精神内核，不是共同的愿景目标和价值观，而仅仅是薪水而已。

很难想象，这样的团队文化能给企业带来多少凝聚力和创造力。

没有了凝聚力的团队还能坚持多久，还能走多远？

优秀的团队文化是这样的，它应该得到全体成员的认同，而每一名团队成员都应该是团队文化的创造者、完善者和体现者，而不是被动的承受者。如果说团队文化仅仅停留在口头或者纸面上，仅仅依靠严格的规章制度来强制下属遵守，那是不能称其为团队文化的。

作为管理者，我们必须认识到，文化与制度的区别就在于，制度往往是下属的对立之物，而文化则超越了制度的对立，成为下属的自觉之物。制度是一种强制力，而文化是一种更为强大的自然整合力。

文化的根本标志在于它的自动整合功能，它强大得无须再强调或者强制，它不知不觉地影响着每个人的思想和精神，从而最终成为一种自觉的群体意识。只有达到这种程度，一个团队的价值理念体系才可能被称为企业文化。

那么，我们要如何才能做到这一点呢？我们来看看下面这件趣事，或许能给大家提个醒。

据说有一教官向一班学员讲授领导与管理的不同，他给学员出了一道题目："现在由你来领导本班，让大家全部自动走出室外，切记，要大家心甘情愿！"

第一位学员不知道怎么办才好，回到座位。

第二位学员对全班的学员说："教官要我命令你们都出去，听到没有？"全班没有一个人走出室外。

第三位是这么做的："大家都听好了，现在教室要打扫，请各位离开！"但仍然还有一部分人留在教室内，值日生在待命扫地。

第四位看了纸片上的题目一眼后，微笑着对大家说："好了，各位，午餐时间到了，现在下课！"不出数秒，全教室的人都走光了。这是每一名管理者都应具备的智慧。用权威来压人或者讲大道理来说服，都不会收到好的效果。只有将自己的目的和对方的意愿或者切身利益结合起来，才能得到双赢的结果。

换言之，对于一个团队而言，要想让所有人都能全心全意地热爱、信仰、遵从团队文化，最好的办法不是强制其全盘、被动地接受，而是让他们参与进来。只有他们自己参与了，有关他们的切身利益、自身目标和企业的利益、远景目标达成一致了，他们才会心服口服，认同团队文化。

大家不要把这想得有多麻烦，其实，建立有凝聚力的团队文化并不难，其真经只有10个字：平等、尊重、信任、合作、分享。

具体实施起来，首先，我们要努力在组织和员工之间建立起一种长期的相互信任和相互依赖的关系。以长期雇佣为出发点，以外部劳动力市场为依托，强调对成员个人能力的培养与开发，重视客观公正的绩效考核，注意保持报酬水平和报酬差别的公平合理性，强化组织与成员之间的互利合作意识以及一般成员的参与意识，才能得到他们的信任并最终留住人才。

其次，在各项具体的人力资源管理政策与实践上，注意积极推动团队的文化建设。主要包括：

1.组织在制定每一项人力资源管理政策和制度的时候，都必须树立"人高于一切"的价值观，并坚持将这一观念贯穿团队的所有人力资源管理活动之中。团队及其管理人员必须承认，人才是企业最为重要的资产，他们不仅值得信任、需要被尊重和公平对待、能够参与决策，而且每个人都有自我成长和发挥全部潜力的内在动力。2.努力贯彻以价值观为基础的雇佣政策。团队在招募和挑选新成员时，就应当注意执行以价值观（即符合团队文化要求的价值观）为标准的雇佣政策。利用精心组织的面谈等手段判断和确定求职者的价值观（如追求卓越、合作精神等）与团队的主导价值观是否一致。

3. 为人才提供就业保障和相对公平合理的报酬。首先，团队尽量避免因外部原因随意解雇成员，从而为他们提供一种长期的工作机会。其次，团队为成员提供包括高于市场一般水平的工资奖金和额外福利在内的一整套报酬，并且使他们有机会分享团队的利润。这两个方面的内容都是要促使他们将自己看成是团队共同体中的一员。

4. 通过工作组织形式的调整和参与管理，在团队成员中创造一种团结合作和共同奋斗的价值观。这包括：建立组织与成员进行双向沟通的正式渠道和成员参与管理的办法，确保每名团队成员受到公平对待，并切实保障他们享有参与管理的机会。

5. 制订各种人力资源开发计划，努力满足团队成员的各种自我实现需要。不仅保证他们有机会在工作中充分发挥自己的技艺和能力，而且为他们提供长期发展的机会，注意从长期职业生涯的角度来帮助他们设计、实践个人的职业目标。为此，我们这些管理者应致力于广泛运用工作轮换、在职以及脱产培训、内部晋升、组织团队、绩效评价以及职业生涯设计等各种手段来帮助他们进行自我提高和自我发展。

当团队文化建立起来，团队全体成员的价值观也就达成了一致，进而改变落后的、消极的思维方式和工作模式。于是，虚转化成了实，转化成了无往不胜的战斗力。

为团队注入信念，让大家心比金坚

曾有一支探险队进入某个灾区，那里是茫茫的沙漠，而且荒无人烟。在这种情形下，大家的水都已经喝光了……眼看着这沙漠，大家的神情都表现得无比难看，他们也感到希望的渺茫……就在这时，队长拿出一只瓶子说："这里有一壶水，但穿过沙漠之前，谁也不能喝。"

霎时，大家仿佛看到了救世主出现了。一壶水成了穿越沙漠的信念之源，成了求生的寄托目标。水壶在队长手中传递，那沉甸甸的感觉使队员们濒临绝望的脸上又露出了坚定的信念。走出了沙漠，挣脱了死神之手，大家喜极而泣，用颤抖的手拧开那瓶子，流出来的却是沙子。然而，在炎炎烈日下，茫茫沙漠里，真正救了他们的又何止一瓶沙子呢？那更是因为他们执着的信念，已经如同一粒种子在他们心底生根发芽了，最终又领着他们走出了"绝境"。

管理思考

作为团队管理者，如果我们不知道怎样去鼓舞并带领自己的员工冲击巅峰，那么你们就会陷入绝境。我们一再强调信念和精神的力量是巨大的，这一点毋庸置疑。就拿一个球队来说，技术最好、个人收入最高的球队不一定能取得胜利。竞技场上的最后赢家往往是那些有着强烈的求胜欲望和坚定的取胜信念的球队。所以对于我们这些管理者而言，信念管理是一个当务之急。

信念管理是基于彼此信任的基础上建立的一种领导模式。何谓信念？信就是相信，念就是观念，你一定要相信自己的观念。但现在的人已不容易去相信一件事或一个人了，更不要说相信一个观念一辈子的事。什么是相信？相信应是内在的、没有根据的，就因为想要达成，才会有一个动能出来，而观念就是激励你朝目标、理想迈进的原动力。

一位西方哲人曾经说过："每天我们看到的事都是我们相信的事，我们听到的事也都是我们相信的事；我们看不到我们不相信的事，我们也听不到我们不相信的事。"虽然这几句话有点绕口，但却很有意思。当我们看到一件我们不相信的事，我们不会相信那是真的；同理，当我们听到一件我们不愿意相信的事，等于我们没听到。真正的相信、信念来自我们要去相信那样的观念。同样，理解信念管理也是这个道理。

"阿里，干掉他！"这句话曾一度在微软公司风靡一时，甚至成为一种口号。为什么会这样？其中有一个很经典的故事。

2000年微软年度报告会上，史蒂夫·巴尔默用讲故事的方式使聚集在一起的3000多士气低落的员工齐声高喊："阿里，干掉他！"当年，正是在这种排山倒海般的呼喊中，拳王穆罕默德·阿里赢得了他最著名的一次胜利，从乔治·福尔曼手中夺回了世界重量级拳击冠军。

当时，微软处境非常危险。司法部正在因公司涉嫌垄断而对其进行调查，很多员工都担心微软会解体。焦虑和担心笼罩了整个公司。甚至有传言说，曾有微软的员工遭受过一些一心想要"通过自身的行动弘扬正义"的人们的言语和身体攻击。在此之前，微软人为自己衣服上和电脑箱上的微软标志感到骄傲和自豪，而现在，不管是在公司里还是在公司外，这些显示对公司忠诚的外在装饰很少能见到了。让情况更为严峻的是，微软的竞争者们也威胁要削弱微软的市场统治地位。这些来自四面八方的威胁使公司的士气和竞争精神深受打击。

在那次报告会上，巴尔默首先播放了拳王阿里的那场里程碑式的比赛片段，在那场拳击赛中，阿里战胜了自己最强劲的对手。然后巴尔默用讲故事的方式向人们传达了自己对微软的信念，告诉众人他认为微软所能够展现出来的品质是勇气、灵感、责任、冲劲。没人能抵挡他的故事的影响力。他热情而雄辩地指出，现在的问题不是我们有没有可能获胜或者是不是有能力获胜，而是我们有没有坚定的决心去夺取胜利！这让当时坐在那个阴冷的礼堂中的每个人都深受鼓舞，并触动了他们的心灵。这样一种魔鬼般的决心与信念使每个人在离开礼堂的时候都充满了一种不可战胜的斗志。从那时起，"阿里，干掉他"就成了微软员工间秘密的打招呼用语。很明显，在这次会议之后，你很难再找到一个不会尽心尽力、全力以赴工作的微软员工。

最终的结果显而易见，微软有惊无险地渡过了这一难关。当然，我们不能说是巴尔默对微软的信念起了作用，但是，我们回过头来想想，如果没有管理者们的那种撼动人心、坚不可摧的信念，微软即使能够渡过危机，可它又能发展到今天的这个样子吗？显然不可能。

信念之于团队，就像军队的军旗。只要军旗屹立不倒，战士就会奋勇向前。旗手将军旗插到那里，战士们就能打到那里。换言之，一个团队领导及其下属成员心中共同的目标有多高、信心有多足、恒心有多强，就决定了该团队的发展速度有多快、事业能走多远。信念虽然不等于成功，但信念确实可以为团队的成功逢山开路、遇水架桥。

我们看到，不少团队也很勤奋，团队成员也很优秀，但成绩却总是不温不火，有些甚至不得不分道扬镳。为什么？就因为他们缺少信念，缺少对突破困境的强烈渴望，缺少对成功的强烈渴望。倘若他们能够心怀信念，又会是什么样子？结果一定要好得多。大家可以想想，朝鲜为什么能进巴西一个球？为什么原本想要看笑话的人反而会为朝鲜队呐喊助威？因为这个团队让我们看到一种信念、一种精神……《士兵突击》中的许三多为什么那样火？同样是因为他让我们看到了一种信念。信念这东西，或许恰恰是现代社会极为稀缺的。

所以，我们更应该带领我们的团队，将目标和理想看成是终生的追求，这样团队就不会失去动力，也不会随着时间的推移动力却慢慢地减小了。

确立团队目标，让员工有的放矢

▐▐ 一点故事

老狼的三个孩子逐渐强壮起来了，但离"长大成狼"还有一步之遥，因为它们还没有学会捕猎。一个晴朗的早晨，老狼决定带着三个孩子去草原深处训练它们捕猎的本领。草原深处有许多兔子、黄羊及野驴，那是这个狼群取之不尽的粮仓。在这之前，小狼们从来没有走出过这么远，它们不停地东张西望。老狼便问老大："你在看什么？"老大说："草原深处真美，我从来没见过这么美的地方。"老狼摇了摇头，没说什么。过了一会儿，它问老二："你在看什么？"老二说："我在看草原上有没有狮子和老虎。"老狼摇了摇头，也没说什么。接着它问老三："你看到了什么？"老三说："我看到这里有很多兔子、黄羊和野驴，够我们抓好长时间的。"老狼高兴地说："你很快会成为一只真正的狼！"

对于老狼它们"父子四狼"来说，此次出行的目的是捕猎。老大被草原深处的美丽风光所吸引，老二带有明显的畏惧情绪，只有老三的眼睛始终盯着自己的猎物。因而，老狼认为老三很快会成长为真正的狼。

管理思考

不论是个人还是团队，在做任何一件事情之前，首先就要了解自己的最终目的，并在目标的引导下开始自己正确的行动。如果说团队没有一个清晰的目标，那么大家不可能心往一块想、劲往一处使，那么这个团队就不会有很强的竞争力与战斗力，那么最终散伙的可能性就会很大。没有目标的团队只能走一步看一步，处于投机和侥幸的不确定状态之中。显然，这是每一个领导者一生也难以抹去的耻辱。所以说，为团队设立一个清晰明确的目标，这是我们、是每一个希望把团队做强做大的朋友当前的首要任务。

目标之于团队到底有没有这么重要？你可能还带有这样的疑问，那么，我们不妨一起去看看沃尔玛的发展历程，相信你就会有所改观。

山姆·沃尔顿创立第一家廉价商店以后，他的第一个目标是：5年内成为阿肯色州最好、获利能力最强的杂货店。要实现这个目标，他的店销售额必须增长3倍以上，从年销售额7.2万美元增长到25万美元。结果在所有员工的努力下，这家店达到了目标，成为阿肯色州和附近5个州获利能力最强的商店。

沃尔顿继续为他的公司制定清晰的目标，十几年以后，他定出的目标是：在4年内成为年销售额1亿美元的公司。

很显然，这个目标又实现了。不过，他的目标仍在继续，而且也在不断实现着。于是，我们看到了今天这个享誉全球的零售业巨头。

其实不只是沃尔顿，那些优秀领导者都会为自己的团队制定清晰而准确的目标。又比如说通用电气前总裁杰克·韦尔奇，他刚刚当上公司CEO时制定的目标是：在我们服务的每一个市场中，要成为数一数二的公司，并且改革公司，使其拥有小企业一般的速度和活力。我们知道，这也实现了。

大量的管理案例已经向我们证明，清晰、具体的目标之于团队而言，就是海航路上的灯塔，这个灯塔如果一直明亮地立在那里，那么我们的团队之舟就能满载而归；相反，如果这个灯塔忽明忽暗，或者说干脆灭掉，那我们不仅无法靠岸，甚至还有触礁的危险。

换言之，我们的团队需要一个明确的目标，只有当目标确定以后，你及你的团队才知道向哪个方向行进。目标不明确，这会令你的团队成员无所适从，你想让他们心甘情愿地做事，就要让他们明白自己在做什么、为什么而做、这样做的结果又是什么。通常情况下，团队成员往往会因为完成了某个明确的任务，自然而然地生出一种自豪感，他们为了进一步满足这种自豪感，会更加卖力地工作，大家想象一下，那将是一种什么样的场面？

不过，我们也不要高兴得太早，这里还有一个问题——共同的目标建立以后，大家能不能形成统一的步调。什么是统一的步调？具体到行动之中，就是行动的方案选择。一般而言，要达成一个目标，会有很多种方案可供选择，因为每个人看问题都有独特的视角，所以即便是在相同的目标之下，大家所选择的行动方案也会有所不同。

很多团队在组建之初，都是情比金坚、无比团结的，但随着团队的做强做大，就出现了分歧，严重者甚至分道扬镳，这很大程度上就是因为大家的步调无法达成一致。其实对于大多数团队而言，目标一旦确定以后，是不会轻易改变的，但是随着行动的深入，大家在选择到达目标的路径时就极有可能出现分歧，于是你走你的路，我走我的路，虽然目标统一，都想把团队做大，但在这种情况下又谈何容易？

其实仔细分析那些曾经闪亮一时、后来散了伙的团队我们就会发现，他们很少是因为权力斗争而分手的，大多数都是源自战略选择的差异。而这种差异确实能够毁掉一个团队的辉煌。所以，作为一个团队的领导者，我们若是真心想把它带得更加优秀，仅仅统一团队的目标还不够，还要统一团队成员的认识，统一他们的行动，如果说你做不到这一点，那么只能说你还不够称职。

不过，这也并不是说要你动不动就开除异己者，那是什么管理，那是暴政！更何况，如果你是最高领导者，你或许还有这样的权力，但如果说你只是个部门领导呢？如果说你上面还有一些管事的人呢？

再者说，每个团队在组建的时候，肯定都在成员数量方面做过规划，基本上都是一个萝卜一个坑，这样做既可避免人浮于事，又不会因人力匮乏而影响工作进度。如果说你大手一挥，凡是持反对意见者统统拿下，那么势必会给团队的正常运转带来很大影响，相信这也是我们所不愿看到的。

既然不能用撒手铜，又不可避免地存在统一目标下的行动分歧，那我们该怎么办？很简单，我们可以用沟通化解这个问题，这是每一个合格领导必须掌握的功课。你如果不去沟通会怎样？很可能有团队成员因为持反对意见而产生抵触心理，甚至故意不将自己的分内事做好，让你的方案出岔子，以此证明他的正确性。这个时候，你就得把各种方案摆出来，让你的组员共同来讨论每一个方案的利弊，最后选定一个大家都认可的方案。你要晓之以理、动之以情，用事实说话，才能让持反对意见者从内心里接受你的看法。

我们必须认识到，在一个团队里，有没有足够清晰的目标，目标确立以后路径能否统一，会直接影响这个团队的成败，因此，你必须花心思去关注这一点，并竭力使每一个人都走在同一条轨道上。

绩效目标要与战略目标紧密结合

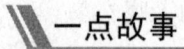

一点故事

在一堂培训课上，有个同学举手问老师："老师，我的目标是想在一年内赚 100 万！请问我应该如何计划我的目标呢？"

老师便问他："你相不相信你能达成？"他说："我相信！"老师又问："那你知不知道要通过哪行业来达成？"他说："我现在从事保险行业。"老师接着又问他："你认为保险业能不能帮你达成这个目标？"他说："只要我努力，就一定能达成。"

"我们来看看，你要为自己的目标做出多大的努力，根据我们的提成比例，100 万的佣金大概要做 300 万的业绩。一年：300 万业绩。一个月：25 万业绩。每一天 8300 元业绩。"老师说。"每一天 8300 元业绩，大既要拜访多少客户？"

"大概要 50 个人。"同学回答。老师接着分析，"那么一天要 50 人，一个月要 1500 人：一年呢？就需要拜访 18000 个客户。"

这时老师又问他："请问你现在有没有 18000 个 A 类客户？"他说没有。"如果没有的话，就要靠陌生拜访。你平均一个人要谈上多长时间呢？"他说："至少 20 分钟。"

老师说："每个人要谈 20 分钟，一天要谈 50 个人，也就是说，你每天要花 16 个多小时在与客户交谈上，还不算路途时间。请问你能不能做到？"

他说："不能。老师，我懂了。这个目标不是凭空想象的，是需要凭着一个能达成的计划而定的。"

管理思考

团队目标并不是管理者一拍脑袋就可以定下来的，目标并不单单是为鼓励而存在的，目标的达成需要成熟的工作思路及计划作为支撑，这一切决定着我们的目标最终能否实现。

一个团队的目标达成了，受到称赞的往往是团队的管理者，因为团队是在"他管理"下获得的成功。他们总是用一种自豪的语气夸耀："我的企业养活了多少员工……"换言之，成功是管理的成功，员工只是由于管理妥当才得以生存。究竟谁是企业的功臣，谁养活了公司？李嘉诚的一段话或许值得我们深思："一个企业就像一个大家庭，员工才是企业功臣……说管理者养活了员工是旧式企业的观点，应该说是员工养活了老板、养活了公司。"确实，没有广大员工的苦干，再有本事的老板也是孤掌难鸣。为什么企业的风险要求员工共同承担，而企业的成果就归于管理者一个人呢？这显然是不合理的，员工既然分享了风险，那他们就有权分享成功。

如果评选"最令管理者生厌的工作"的话，"考核"肯定能名列前茅。频繁的考核周期、复杂的表格、烦琐的评价项目、上下级在制定目标时的讨价还价……无一不让管理者头疼。

这种令人生厌的局面究竟是什么原因造成的呢？

究其原因，绩效目标和企业战略相脱节是重要因素。

首先，很多企业盲目追求绩效目标的"全面性"。为了不遗漏目标，企业往往把各种指标都罗列出来，并设计相应的标准进行考核，有的部门承担着30多项指标。这种看似周全的考虑，在实践中只会带来两种结果。

一方面，人的精力分散，不能集中在重点目标，尤其是战略目标上。心理学研究证明，人在一个时间段内的心理能量只能很好地关注7个左右的单元。目标非常多和没有目标的效果是一样的。

另一方面，人们在多目标情景中，由于不能兼顾，往往会采取"牺牲创新，少犯错误"的行事原则。因此，规规矩矩表现的部门由于没有大的差错，就不会得到太差的评价。

仔细研究，追求目标的全面性的背后，有两种假设：一种假设是，员工天生是爱偷懒的，因此需要外部的监控；另一种假设是，对于不考核的内容，员工就不会去做。实际上，员工最反感的就是外部控制，尤其是知识型员工，这种心理更为强烈。另外，企业不能以"考"代"管"，日常的沟通、协调和关键点的控制程序都是必要的管理措施，不能把全部压力都让绩效考核来承担。

造成脱节的更重要的一个原因是，绩效目标的来源往往不是企业战略。在很多企业中，无论是部门的绩效目标，还是员工个体的绩效目标，往往来源于往年的习惯和静态的职能界定。

基于去年的做法来制定当前的绩效目标，显然是假设环境处于稳定状态，不会有太大的变化。实际上，在这个变革时代，多数行业的环境是动荡的，存在着极强的复杂性、频繁变化性和不可预测性。因此，在制定绩效目标时，一定要基于新的环境要求，而不要过分基于过去的行为习惯。

此外，基于静态的职能界定制定绩效目标往往是不直接承担业务指标的行政支持部门的做法。他们假设部门的职能是稳定的，工作内容也是固定不变的。其实，无论是业务部门，还是支持部门，随着企业战略的不断调整，其绩效目标也是不断变化的。

那么，如何解决绩效目标和战略目标的脱节问题呢？我们可以从平衡计分卡（BSC）中寻找解决思路。

如果我们不能描述一项事物，我们就找不到衡量它的方法。如果不能很好地衡量一项事物，我们就很难有效地管理它。对企业战略而言，也是这个道理。中国的企业家不缺乏战略眼光和思考，欠缺的就是如何把这些想法用清晰的语言和可操作的方法描述出来。

平衡计分卡中强调因果关系链，实际上是企业战略的描述。这种因果关系式的战略描述，使得我们能够对战略进行管理，而不是盲目地跟着感觉走。以戴尔公司为例，以直销模式为核心、提升运作效率是其战略，而只有把这个战略从财务、客户、内部流程和学习与成长四个方面进行定量化描述时，这个战略才能够真正落实。

平衡计分卡中的因果链有两层含义。一层含义是普遍意义上的 BSC 因果关系链，即员工学习与成长促进内部流程的改善或创新，进而提高顾客满意度，最后影响财务绩效。另一层含义是指和企业价值定位直接相关的因果关系链，是通过从员工学习与成长到财务四个角度之间的层层递进关系来实现这个价值定位的。

平衡计分卡的四个方面只是描述战略的思考模式，只有那些具体的衡量指标才对企业的实际行动有直接的影响力。如 3M 公司以创新为其战略，在其员工学习与成长方面就会制定出促进创新战略的具体绩效目标，如激励创新的薪酬机制建设等。

当然，由于战略是动态的，企业绩效目标也应不断调整，随战略而动，才能保证绩效目标和战略不脱节。

同时，要敢于大胆舍弃非战略性的绩效目标。

战略最主要的不是选择做什么，而是选择不做什么。绩效目标的设定也是如此，大胆地舍弃非战略性目标是保证战略性绩效目标得以实现的举措。

当然，对企业生存至关重要的目标，虽然不一定体现变动的战略，也仍然应设计为考核目标。

总之，无论是关键绩效指标，还是平衡计分卡，都倡导战略性绩效管理体系的设计。作为"战略性"的体现，最为重要的就是绩效目标和战略目标的紧密结合。这就要求我们务必做到两点：

其一，我们要善于跳出"零和"的圈子，寻找能够实现"双赢"的机遇和突破口，防止负面影响抵消正面成绩；其二，有必要让员工看到自己的劳动成果，及时与员工分享成功。这种成功不只是给员工带来经济上的利益，也会激发员工的潜力，鼓励员工持续追求进步。

将长期目标转化为可执行的具体目标，做切香肠式的努力

一点故事

山田本一是日本著名的马拉松运动员。他曾在 1984 年和 1987 年的国际马拉松比赛中，两次夺得世界冠军。记者问他凭什么取得如此惊人的成绩，山田本一总是回答："凭智慧战胜对手！"

大家都知道，马拉松比赛主要是运动员体力和耐力的较量，爆发力、速度和技巧都还在其次。因此，对山田本一的回答，许多人觉得他是在故弄玄虚。

10 年之后，这个谜底被揭开了。山田本一在自传中这样写道：

"每次比赛之前，我都要乘车把比赛的路线仔细地看一遍，并把沿途比较醒目的标志画下来，比如第一标志是银行；第二标志是一个古怪的大树；第三标志是一座高楼..这样一直画到赛程的结束。比赛开始后，我就以百米的速度奋力地向第一个目标冲去，到达第一个目标后，我又以同样的速度向第二个目标冲去。40 多千米的赛程，被我分解成几个小目标，跑起来就轻松多了。如果开始我把我的目标定在终点线的旗帜上，结果当我跑到十几千米的时候就疲惫不堪了，因为我被前面那段遥远的路吓倒了。"

管理思考

这个故事告诉我们，目标可以以切香肠的方式去实现。一个人、一个团队在制定目标时，首先一定要有最终目标，例如成为世界一流团队，但同时也要有阶段目标，例如在某一时间内完成怎样的成绩。当目标被清晰、合理地分解以后，其激励作用也就显现了。每每员工实现一个小目标，他们都会得到一个正面的激励，这对于培养员工工作信心的作用是非常巨大的。关于这一点，管理大师彼得·德鲁克早就有所强调，他说："企业的目的和任务必须转化为目标，目标的实现者同时也是目标的制定者。确立目标时，切记以少而精为上策。"

目标是行动的纲领，是行动的指南。就目标的类型来说，有大目标，有小目标；有长远目标，有短期目标；有总目标，也有分目标。为此，部门制定目标并细化目标是管理者做好执行工作的重要所在。

管理者要将公司的长期目标转化为让自己部门的员工可以执行的具体目标，并为集体中的每一个人指明方向。统一全体成员的意见和行动，并为他们确立目标，指出行动的方向，这是在具体执行的过程中，管理者的首要职责。

要达到目标，你必须明确重点，帮助员工把握重点。如果偏离方向，应及时予以纠正。

集中精力主攻与公司的使命有密切联系的目标。也许你想去攻克那些富有挑战性的、有意思的但与公司的神圣使命相去甚远的目标，记住可千万别干这种傻事。

分清主次。由于时间有限，所以最好选几个与公司宏伟规划相关的目标去攻克，而不是抓一大堆无关紧要的目标。定期审视确立的目标并及时更新。

定期审视、评估已确立的目标，有助于证实这些目标是否仍和公司的远大规划保持一致。

曾经有人做过这样一个实验：组织3组人，让他们沿着公路步行，分别向10千米外的3个村子行进。甲组不知道去的村庄叫什么名字，也不知道它有多远，只告诉他们跟着向导走就是了。这个组刚走了两三千米时就有人叫苦了，越往后人们的情绪越低落，溃不成军。乙组知道去哪个村庄，也知道它有多远，但是路边没有里程碑，人们只能凭经验大致估计需要走两个小时。这个组走到路程的一半时才有人叫苦。大多数人想知道他们已经走了多远了，比较有经验的人说："大概刚刚走了一半的路程。"于是大家又簇拥着向前走。当走到3/4的路程时，大家的情绪低落，觉得疲惫不堪，而路程似乎还长着呢！而当有人说快到了时，大家又振作起来，加快了脚步。丙组最幸运。大家不仅知道所去的是哪个村子、它有多远，而且路边每千米有一块里程碑，人们一边走一边留心看里程碑。每看到一个里程碑，大家心里便有一阵小小的快意。这个组的情绪一直很高涨。走了七八千米以后，大家确实都有些累了，但他们不但没有叫苦，反而开始大声唱歌、说笑，以消除疲劳。最后的两三千米，他们越走情绪越高涨，速度反而加快了。因为他们知道，那个要去的村子就在眼前了。

这个实验说明，当人们的行动有着明确的目标，并且把自己的行动与目标不断地加以对照，清楚地知道自己行进的速度和不断缩小达到目标的距离时，人们的行动动机就会得到维持和加强，就会自觉地克服一切困难，努力达到目标。

管理者作为一个部门的"头儿"，他的职责是统一全体成员的意见和行动，并为他们确立目标，提供执行的方向。

第一，须随时记住总目标，以及自己的目标和工作进度表，并有效地运用自己的权限，自我控制而努力达到目标。

第二，凡未列入目标中的工作，也应用心去做，不应只限于自己的目标工作。如此，才能有效地完成所管辖的全部工作。

第三，除日常管理工作外，管理者须定期与下属接触，调整目标的状况，使业务能平衡发展。对于在达到目标的过程中所发生的特殊情况，在非报告上级不可的情况下，应尽量以最快的方式提出报告，使上级能掌握目标执行过程中的特殊变化。

在目标管理的原则上，除非下属要求管理者指导或协调，否则工作上的细节应由下属亲自处理，管理者避免做不必要的干涉。

03

羊群效应:个人管理

——魅力，决定领导力

你真的只有把自己锻炼成火鸡那么大，小鸡才肯承认你比他大。当你真像鸵鸟那么大时，小鸡才会心服。只有赢得这种"心服"，才具备了在同代人中做核心的条件。

培养高瞻远瞩的领导力

　　有 3 个年轻人结伴同行，去寻找发财的机会。在一个偏僻的山镇，他们发现了一种又红又大、味道香甜的苹果。由于地处山区，信息交通都不发达，这种优质苹果仅在当地销售，售价非常便宜。第一个年轻人立刻倾其所有，购买了 10 吨最好的苹果，运回家乡，以比原价高出两倍的价格出售。这样往返数次，他成了家乡第一名万元户。第二个年轻人用了一半的钱，购买了 100 棵最好的苹果苗运回家乡，承包了一片山坡，把果苗栽种。整整 3 年时间，他精心看护果树，浇水灌溉，没有一分钱的收入。第三个年轻人找到果园的主人，用手指指果树下面说："我想买些泥土。"主人一愣，接着摇摇头说："不，泥土不能卖。卖了还怎么长果子？"他弯腰在地上捧起满满一把泥土，恳求说："我只要这一把，请你卖给我吧？要多少钱都行"主人看着他，笑了："好吧，你给一块钱拿走吧。"他带着这把泥土，返回家乡，把泥土送到农业科技研究所，化验分析出泥土的各种成分、湿度等。然后，他承包了一片荒山坡，用整整 3 年的时间开垦、培育出与那把泥土一样的土壤。然后，他在上面栽种了苹果树苗。

现在，10 年过去了，这 3 位结伴外出寻求发财机会的年轻人的命运迥然不同。第一位购苹果的年轻人现在每年依然还要购买苹果，运回来销售，但是因为当地信息和交通已经很发达，竞争者太多，所以每年赚的钱很少，有时甚至赔钱。第二位购买树苗的年轻人早已拥有了自己的果园，但是因为土壤的不同，长出来的苹果有些逊色，但是仍然可以赚到相当的利润。第三位购买泥土的年轻人，他种植的苹果果大味美，和原苹果相比不相上下，每年秋天引来无数竞相购买者，总能卖到最好的价格。

▨ 管理思考

这个故事说明了什么？说明一个人的思想有多远，他就能走多远！管理也是一样，在一个团队中，只有当领导的能够看清机遇，指明方向，他的这群手下才能顺着方向走向远方。

完全可以这样说：不比手下看得远，你就不是一个成功的管理者，就不足以领导他人！在一个团队中，我们是"大哥"，做"大哥"就一定要有远见，要有思考未来的能力，如果说连我们都鼠目寸光，那还能领导出驰骋千里的团队吗？

事实上，我们只要稍加留意就会发现，那些成功的领导者都是卓有远见的。微软公司之所以能够成为今天这个行业的霸主，与其总裁比尔·盖茨具有远见的领导力是密不可分的。在微软的历史上，比尔·盖茨曾两次凭借先行一步的深远谋略令对手胆战心惊。第一次是在 1975

年，他预言电脑将进入每一个平民家庭，微软由此开发出第一个远见计划的标志性产品——Windows95；第二次是在1998年，比尔·盖茨预见，在未来网络会变得越发重要，而PC不再只是孤立的存在，它将成为连贯网络的一系列设备中最重要的一种。当然，比尔·盖茨不只是说说，他是个实干家，他付诸了行动，最终证实了他独特远见的伟大成功。著名的成功学大师卡耐基也曾经深有体会地说道："做生意要有远大的眼光，要配合时代的需要。只有这样，你才能成为一名称职的和优秀的商人。"大量的事实已经向我们证明：远见就是机遇，远见就是财富。一个管理者能否引领团队走向更好的道路，关键就在于他是否能够把握未来发展趋势，看清前进方向，对未来变化的走势、进程和结果作出正确的超前判断，从而趋利避害，抢抓机遇，掌握竞争的主动权。

是的，"物竞天择，适者生存"。在优胜劣汰的市场经济中，有多少企业就那样被无情淘汰？有多少团队就只能被迫解散？为什么会这样？我们不能怪市场、怪经济不景气，事实上，导致他们失败的一个很重要原因就是：领导者缺少思考未来的长远意识，他只看到眼前的局限发展，没有考虑到团队的长远发展，没有用进步的眼光、全球的眼光和时代的眼光来分析和思考问题，从而错失了一个又一个良机。机遇这东西我们知道，一旦失去就会造成无形的损失，一而再、再而三地失去，就会形成无法挽回的败局。

所以，我们要具备那种卓绝的领导力，首先就要让自己成为思想者和战略家，我们需要充分利用团队资源，主导制定生动的规划蓝图，为你的手下提供清晰的发展方向。其次，我们还要成为这个领域的专家，对存在的机会与趋势、行业发展的脉搏、团队资源的现状做到心中有数，明确创造性和可能性。如此，如何实现远景规划的战略已经基本设定，接下来我们就要具体到事实行为上。我们需要致力于培养整个团队的洞察力、判断力、预测力、决断力。如果你以及你的手下洞察到了问题，又能及时付诸行动，你们就能够占得先机。这就是有远见，它会为你的团队带来超额收益，你们的远见最终输出的将不只是一幅令人激动的图画。

不过，我们必须意识到，将远见变成现实不是一蹴而就的事情，它是一个过程，甚至可能很漫长。这与一次长途旅行颇为相似，在我们决定要外出以后，首先就要确定目的地，没有这个目的地，就不可能规划出最合适的旅行路线。当然，我们还要估算一下自己的资源，看看你所拥有的资本是否足以完成这次旅行，如果不能，那么量力而行。也就是说，实现自己的远见是要有所牺牲的，一般而言，离它越远，代价就越大。作为领导者，我们一定要把握好这个平衡。

临危不乱，身先士卒

 一点故事

春秋时期，晋国赵简子率军攻打近邻卫国，很快就包围了卫国的都

城。在晋国的强攻面前，卫国城中的百姓们顽强地进行抵抗，战斗十分激烈。卫国城中的守军们不停地向城外的晋军射箭和掷石块，赵简子撑着一把巨大的皮盾，自己躲在皮盾的后面，用战鼓指挥将士们攻城。晋军士兵个个畏缩不前，赵简子很生气，他沮丧地将鼓槌掷在地上说道："没有想到昔日一往无前的晋国雄兵，今天会没落到这种程度。"看到这种情形，谋士独自过来开导赵简子说："主公，要说有错，错应在您才对。不能埋怨我们晋国的三军将士。忆往昔，我晋先主献公吞并 17 国，征服 30 国，8 战 12 胜，难道不是靠的这些晋国军队吗？献公去世，惠公即位，对国民横征暴敛，纵情声色，导致国力衰弱，强敌乘虚侵入我国，秦国铁蹄如入无人之境，直抵国都近郊，不也是晋国军队团结人民打退了侵略者吗？文公继立以后，国威复振，一战而取卫国之邺地，城横之战，连败楚军，遂成霸业，用的不也是晋国的军队吗？主公今天为何怨我们晋军的士气衰微呢？现在的主要问题是您做得不够好，而不是将士们的士气不振。"

赵简子听了后内心里感到很惭愧，立刻扔掉了皮盾，操起兵器，大声一呼，冲锋在前。将士们很受鼓舞，人人奋勇争先，最后终于攻下了卫城。

管理思考

很多人在困难与挫折面前，都是极易灰心丧气的，但作为管理者，这是万万不行的。因为如果我们经不起挫折的考验和失败的打击，那么整个团队都将萎靡不振，又何谈团队目标的实现？

当然，人类的本性会在危急时刻的应激反应中表露无遗。平常说话大声、表现豪爽的人，一旦面临危急存亡，说不定就会狼狈不堪，那些平常刻意掩饰的缺点在这个时候很容易完全表露出来。但如果说我们是这样，我们让部下看到自己在紧要关头不知所措，那他们一定会非常失望，从此不再理会我们所做出的指令。

　　要知道，下属心目中合格的管理者，是在非常时期能够表现得与众不同，且能够断然地作出决定，迅速敏捷地采取行动的人。只有这样的管理者，他们才能心甘情愿地尊之为"领导"。其实不仅仅是人，甚至就连动物也会对它们的领导者抱有这种期望。据说，动物学家们就曾做过这样一个实验，是关于领导行为的研究，很有趣，我们来看一下。

　　动物学家让动物园饲养员用狮子皮装成狮子进攻黑猩猩群。黑猩猩群一开始非常害怕，它们不禁哀号起来，但不久，惊人的一幕出现了——猩猩们的首领拾起身边的树枝，做出向狮子挑战的样子。事实上，它也很怕狮子，但却没有逃跑，而是勇敢地率先向狮子做出攻击动作。为什么会这样呢？因为它也很明白，如果自己在这个时候临阵脱逃，就一定会被同伴们鄙视，就再也不能做首领了。

　　团队中的管理者也应如此。在竞争愈来愈激烈的今天，团队随时随地都有可能面临各种困难。如果我们表露出束手无策、无能为力的样子，那么整个团队都会作鸟兽散；相反，如果我们能够身先士卒面对难关，坚定沉着的精神就会传递给部下，大家就会和我们一起勇敢地面对挑战。这种身先士卒的行为，客观上维护了我们在团队中的威信，使下属能够从内心中真正地认同我们。

　　著名的伟大领导者拿破仑·波拿巴就常常用他那豪迈的气概，带动部队的士气和提高战斗力。他坚定地认为，在千钧一发的关键时刻，将帅本人的坚毅决心和模范行动，是拉动火车前行的火车头，是取得战斗胜利的巨大精神支柱。

艾劳战役中，由于法俄两军势均力敌，战斗异常激烈，难于一决胜负。为此，拿破仑亲率一支步兵停留在艾劳墓地那个战斗的中心地点。此时俄军的炮弹纷纷落在他的前后左右，被炸断的树枝不断地掉到他的头上，有许多侍卫相继倒下和牺牲，拿破仑本人也随时都有中弹身亡的危险。但是，拿破仑冒着生命危险，镇定自若地在墓地停留了几个小时，从而稳定了军心，使得自己的步兵毅然地屹立在这个死神笼罩的地方，时刻待命出击，直至取得艾劳战役的最后胜利。

商场亦如战场，企业立足于竞争之中，不可避免要遭遇一些突发事件，这些事很有可能会打乱我们的军心，使员工们处于惶恐之中。这个时候，作为管理者，我们首先要做的就是控制事态，稳定军心，使其不扩大、不升级、不蔓延，这是处理突发事件的关键所在。有难事首当其冲，遇困境沉着不慌，这是欲成为卓越管理者所必须具备的良好素质。

所以，当有突发事件出现之时，我们首先就要控制住自己的情绪，保持一颗清醒的头脑，不要手下未乱你先乱。只有这样，我们才能对事态有一个清醒的认识，对全局有一个准确的把握。其次，我们要发挥自己的领导作用，令团队内部迅速形成统一的观点，令大多数团队成员都能对事态有一个清醒认识，稳住团队阵脚，以大局为重，避免事态的进一步扩大化。

在处理突发事件时，我们可以这样：

1. 抓住要害，立竿见影

处理团队危机的关键在于果断、迅速，第一时间控制住局势，这就要求我们在做决策时，一击即中突发事件的要害，以达到"立竿见影"的效果。

2. 打破常规，敢冒风险

由于突发事件带有不可预期性、复杂性，所以我们在处理时需要灵活应对，要敢于改变正常情况下的行为模式，要赋予自己一定的冒险精神，同时，我们还要最大限度地集中决策，这时不妨就搞一把一言堂，并迅速地将决策付诸行动。

3. 沉着冷静，稳中求进

我们在处理突发事件时，固然要有点冒险精神，但也不能一味求险，盲目冒险就是真危险了。所以，如果状况允许，我们亦应选择稳妥的、阶段性控制的决策方案，以更大的把握将问题解决好。

换言之，我们在条件有限的情况下，可以采用反常规的决策方式，而在对决策后果进行风险预测和控制时，就要采取避免可能造成不必要麻烦的方案，同时要注意克服一蹴而就的心态。因为，我们固然可以将突发事件的表象在第一时间内控制住，但对其根本的处理则需要在表象得到控制的基础上进一步去决策，这样才能既应变及时，又稳妥不乱。

总而言之，在团队出现危急之时，我们无论如何都不能先乱阵脚，这样才不会给麻烦继续扩大的机会，而且，你指挥起下属来也才会更有效。

大家请记住，身先士卒，率先垂范，永远会唤起下属对我们的崇敬感。所以我们必须具备"三军可夺帅，匹夫不可夺志"的决心和毅力，从不断地努力与日渐丰富的经验中，锻炼自己，促使自己更进一步迈向成功的领导者之路。在这些努力的过程中，你的一举一动都逃脱不了员工的观察。如果他们内心想"这个领导者是足以信赖的，他是深得尊敬的"，那么你的一切努力都不会白费。

管好自己再去管别人

一点故事

从前有位很喜爱吃糖的男童。他的父亲很穷，没有能力经常买糖给他吃，而小孩不懂事，经常向父亲要糖。父亲想尽办法去制止他，决定请住在他们附近的一位贤人劝他的孩子停止吃糖。

父子二人来到贤人面前表明来意，请贤人劝他的儿子不要吃糖。贤人感到很为难，因为他自己亦很喜欢吃糖，他请这位父亲一个月后再带儿子来见他。

当父子二人一个月后再见到贤人时，贤人已经戒掉吃糖。他对小孩说："亲爱的孩子！你可否以后不要常常向父亲要糖吃？因为这对健康不好！"

小孩听从了贤人的劝告，从此不再向父亲索糖了。

父亲奇怪地问："为什么您不在一个月前叫他停止吃糖？"贤人回答："当时我自己也爱吃糖，怎能叫他戒掉呢？我用一个月时间，自己先戒掉吃糖的习惯，才有资格教你的儿子。"

▌管理思考

这个故事告诉我们，当你不能管理自己的时候，你便失去了所有领导别人的资格和能力。这就像两千多年前孔老夫子对鲁哀公所说的那样："政者，正也。君为正，则百姓从政矣。"即律人之前定要先律己。

不过，如今很多做管理的朋友似乎并不这样想，他们可能觉得自己就是一个团队的"老大"，就是"土皇帝"，就是"特权阶层"，于是，总是一味地去要求员工，却放纵自己。结果，员工都被他们带坏了。有些朋友可能不认同这种说法，可能会申辩："我教过他们怎样做一个好员工！"但你不知道"为人师表"这个道理吗？人很容易受到"权威"的影响：上学时，对他们影响最大的是自己的老师；参加了工作，他们就很容易对领导有样学样。他们的眼睛会一直盯着你，他们看到你做得比听到你说的效果要大得多！

事实上，任何一个团队想要获得成功，其领导者都必须是懂得自律的，他们是最严格的自我监督者，无论要求什么，都率先从我做起。这种精神会在团队内形成极大的感染力，让下属打心眼里服从，这样的领导，其威信又怎会不高？这也正是三洋公司总裁井植薰"欲律人先律己"的精髓所在。

井植薰常说："不能制造优秀的自己，怎么谈得上制造优秀的人才？优秀的管理者才能制造出优秀的人，再由优秀的人去制造优秀的商品、更优秀的自己和更优秀的他人，这就是三洋的特色。"

井植薰这种极度体现自律精神的经营哲学，感染了三洋公司的全体员工。他是这么说的，更是这样做的。自打成为三洋的董事长、总经理的那一天起，他就从来没为自己格外制定什么标准，要求别人做到的，他自己首先做到。对于公司的规章制度，他也是极力遵守，从不纵容自己越轨。例如，当时三洋公司推出的力戒"去向不明"政策，井植薰就带头遵守。当时还没有手机等先进的通信设备，一旦有什么紧急的事情要找什么人员，而他不在公司也不在家，没人知道他的去向时，往往会误大事。所以，针对这一情况，井植薰要求所有的人员外出，必须让公司知道。井植薰每次外出，必定让公司的其中一个人知道他的去处，即使是私事也不例外。这样，这项制度就在当时的三洋公司推行开来，全体员工没有任何怨言。

井植薰要求员工尽力为公司考虑。他认为，如果一个职工下班后一跨出公司就只过自己喜欢的生活，那他一辈子也不可能被提升到重要的职位上。员工应该站在更高的层次上来要求自己、完善自己。在这一点上，井植薰也是这样要求自己的。对于他来说，一天除了睡觉之外，其余时间都在考虑公司的事情。

井植薰在教导员工"如何做"时，总是要求自己能率先做到，正像他在一次谈话中所说的那样："管理者如果以为公司的规则只是为普通员工制定的话，那就大错特错了。它应该是公司全部的人都必须遵守的规矩，包括部门经理、总经理、公司总裁、董事长等高层管理者。如果因为自己是高层领导，下面的事有人代替去做，就以为迟到几十分钟无关紧要，那是绝对行不通的。大家都听过上行下效吧？前面有榜样，后面就有跟随者。这种模仿，长久如此便会造成公司上下的懒散作风，这足以让一个前景大好的公司面临失败的深渊。"

有一次，一位记者问他："您现在年事已高，还以身作则，会不会太累？"

井植薰回答道："再累也得坚持啊！不以身作则，对部属就不可能有号召力和感染作用。我作为三洋的董事长、总经理，在国内有 7 万双眼睛盯着我看，大家都在注视我的行为，我必须得谨言慎行，不能有半点失误。"

榜样的力量是无穷的，员工随时随地都在看着领导。正是井植薰这种以身作则、身先士卒的表率精神，让三洋公司的员工都不满足只做好本职工作，从而使每一个提升的人都成为大家的榜样；榜样又严于自律，努力影响着别的员工，使大家都成为"优秀的人"；"优秀的"三洋人又生产出"优秀的"三洋产品，三洋企业才得以取得辉煌的成就。

事实上，那些真正的卓越管理者，都是像井植薰先生一样，能够通过自己的榜样作用影响别人的。他们会通过这种方式使员工成为自己的追随者，跟着自己冲锋陷阵。他们会以此来鼓舞员工朝着团队的预定目标迈进，给予他们追求成功的力量。

我们需要认识到，下属的一些行为，其实大多是管理者自己做过的。所以，如果我们不希望在员工身上看到哪些问题，那就请先看好我们自己。有句俗话说得好："山羊领导的狮子是永远也打不过由狮子领导的羊群的。"作为管理者，我们不能只满足于分派任务，一定要身体力行、严于自律，才能带领团队突破困境，实现团队的目标。朋友们请记住：己不正，焉能正人？

像要求员工一样要求自己

一点故事

建安三年，曹操率兵东征。此时正是五月，麦子覆垅的收割季节。由于连年战火，许多田地都荒芜了。随着一阵轻风，飘来了一股股新麦的清香。原来，在队伍的前面出现了一大片黄澄澄的麦地。农夫们正在挥镰担担，忙着收割。

曹操传令："凡是踩踏麦田者，罪当斩首"传令兵立即将曹操的命令传达三军。

全军上下，人人都小心翼翼起来，因为他们深知曹操的为人，不想因为踏一撮麦子而丢了身家性命。事情往往就是这样凑巧，"嗖"的一声，一只野兔从麦田里窜了出来，穿过路面，溜到了另一块田里。曹操此时正坐在马上得意，他的马匹给这一惊，一下子窜进麦田几丈远，差点没把曹操给摔下马来。等到曹操回过神来勒缰绳时，一大片庄稼已给踩坏了。

面对眼前这一意外突发事件，大家都惊呆了。曹操命令说："我定的军规，我自己违犯了，请主簿（秘书）给我定罪吧"

主簿在听了曹操的令后，忙对曹操，又像是对大家说："依照《春秋》之义，为尊得讳，法不加重。将军不必介意此等小事。"旁边的一些军士也跟着附和道："主簿说得对。将军，还是带我们赶快上路吧！"

曹操听了，一本正经地说："军令是我制定的，怎么能被我自己破坏呢？"接着，又像是自言自语地感叹道，"唉，谁让我是主帅呢！我一死，也就没人带你们去打仗了，皇上那里也交不了差呀！"众人忙说："是呀，是呀，请将军以社稷为重。"

曹操见大家已经彻底地倒向他了，稍稍顿了顿又继续说："这样吧，我割下自己的一撮头发来代替我的头颅吧！"

于是，拔剑割下一绺头发，交给传令兵告示三军。

▌管理思考

曹操不愧是三国霸主，他这样做，既保住了自己的脑袋，同时又维护了军令的威严。

我们应该从中受到启发，在一个团队中，我们的行为永远是员工的榜样。制度作为大家共同遵守的准则，对我们的要求远胜普通员工。管理者只有在制度下身体力行，以身作则，才能维护自己在员工们心目中的威信，才能让下属自觉地遵守制度。

朋友们要知道，其实在下属眼中，管理者都具有某种他人所没有的特质，倘若我们不具备某种独特的风格，就很难获得他们的尊敬。在此特质中，最重要的就是管理者的"自我要求"。那么朋友们，你是否对自己的要求远甚于对员工的要求呢？偶尔，你会站在客观的立场，为他们设身处地地想想吗？如果没有，你要有所注意了。

我们知道，员工服从管理者的指导，其理由不外乎以下两点：一是因管理者地位既高，权力又大，不服从则将遭受制裁；二是因管理者对事情的想法、看法、知识、经验较自己更胜一筹。

这两个条件无论缺少哪一个，部属都将叛离而去，而其中第二点尤为重要。因此，作为一个管理者，我们应当时刻不忘如此反省自己："我的各方面能力比不比员工强？想法、看法以及做法是否比他们优秀？我应当怎样做才能更出色？""在要求员工做一些事情之前，我是否应先负起责任，做好领导工作呢？""我是否太放纵自己了？要求别人做到的，我自己有没有做到？"

相反，如果我们一天到晚只想着为自己打算，那就绝成不了一个卓越的领导者。

让人遗憾的是，很多朋友总是忽视或没有能力做到这个"自我要求"，发生错误总是喜欢归咎于他人。一些荒谬透顶的事，他们做起来会感到特别安心。譬如一个公司必须开发新产品了，赶紧召开员工大会，一个无能的管理者常为自己大脑空空而坦然，却在抱怨别人："这些家伙尽是窝囊废，竟然拿不出一个新构想！"其实，新构想不能全靠员工去构思，身为管理者，我们应该先动动脑筋，先制定个框架，或先指明个方向，然后再要求员工全力筹划，这样靠着双方的努力才能顺利达成目标。如果只是把责任全部推给员工，即使事情成功了，我们也会失去员工的信任。要知道，如果员工在心里对一个管理者没有什么信任可言了，那么就别想让他们再很好地服从我们的管理了。

有句老话是"善为人者能自为，善治人者能自治"。一家公司的业务能否在激烈竞争的环境中得到发展，关键之处还在于我们这些管理者是否有正确的自律意识。我们只有身体力行，以身作则，才能建立起人人遵守的工作制度。比如说要求公司的职员遵守工作时间，我们首先要做出榜样；要求员工对自己的行为负责，我们也必须明白自己的职责，并对自己的行为负责。

所以在这里，我们给大家提出了几点建议。

一、要乐于接受监督。据说，日本"最佳"电器株式会社社长北田先生，为了培养员工的自我约束能力，自己创立了一套"金鱼缸"式的管理方法。他解释说，员工的眼睛是雪亮的，管理者的一举一动，员工们都看在眼里，如果谁以权谋私，员工们知道了就会瞧不起你。"金鱼缸"式管理就是明确提出要提高管理工作的透明度，管理的透明度一大，把每个人置于众人监督之下，每个人自然就会加强自我约束。

二、保持清廉俭朴。作为一个团队的管理者，我们应该清楚，自己的节俭行为不管是大是小，都具有很强的导向作用。中国台湾塑胶集团董事长王永庆就曾说："勤俭是我们最大的优势，放荡无度是最大的错误。"他是这样说的，当然也是这样做的。在台塑内部，一个装文件的信封可以连续使用 30 次；肥皂剩一小块，还要黏在整块肥皂上继续使用。王永庆认为："虽是一分钱的东西，也要捡起来加以利用。这不是小气，而是一种精神，一种良好的习惯。"

总而言之，我们就是想告诉大家，做管理者的只有不断反省自己，高标准地要求自己，才能树立起被别人尊重的自我形象，并以其征服手下所有的员工，使他们产生尊敬、信赖、服从的信念，从而推动工作的发展。这就是我们要做的。

对员工一视同仁

　　一个国王和他的朝臣们在一次冬季的狩猎中迷了路，走到了一个人烟罕至的地方。当夜晚来临之际，他们好不容易才发现一处农人的房子。于是国王说："我们在这儿过夜吧。"

　　但是有位朝臣却极力反对，他认为尊贵的国王到农人家避难有失尊严，还是自己搭帐篷较为妥当。

　　农人知道了这种情形，就说："国王的尊贵不会降低，只是朝臣不希望农人的尊贵提高。"

　　国王听了这句话觉得很有道理，就走进他的房子过夜，并在第二天早晨赐给他一些礼物。

　　离别前，农人陪着国王散步，恳切地说："接受了农人，国王的权力和伟大没有损失，但是当您这样一位国王遮住农人的头时，农人的帽檐却无法延伸到阳光下。"

管理思考

一个大人物如果能够谦恭地礼贤下士，对所有人一视同仁，那么他不仅不会失去尊严，反而会显得更加坦荡和伟大。我们做管理的尤其应该具备这种胸怀，因为在这个世界上，没有万事皆能的人，也没有一无是处的人。尺有所短，寸有所长，再"高贵"的人也有其致命的弱点，再"低贱"的人也有他人所难及之处。你厚此薄彼，就会令员工心生不满，从而失去他对你的敬重。

这个道理虽然人人都懂，但我们做起来却未必如此。在一个团队中，就常见到这样的现象：领导者对一些员工倍加信任，视为心腹，对其他员工则处处设防，甚至让前者去监视后者。员工能谅解领导者因经验不足而出现的失误，却无法容忍企业领导的不公正作风。如果亲一派、疏一派、厚一伙、薄一伙，"一个锅里做出两样饭"，那么势必导致企业内部怨气丛生、人心涣散。

其实，人是生而平等的，所以我们要以平等的态度对待每一个人。有些公司虽然薪酬不算很高，但他的员工却很少跳槽，就是因为他们的领导认为，人是平等的，如果有高下之分，也是因为品德、能力而非职位。这是我们这些管理者所要学习的态度，我们要认识到，每个人会因机会和遭遇的不同而处于不同的境遇，但在人格上绝无高下之分。那些员工，他们其实非常重视公司中平等的气氛。我们这些做领导的，如果能以平等的态度待人，他们就会感觉自己的尊严受到了尊重，就会有一种置身于家的感觉，就会更加卖力地工作。如此一来，团队的迅猛发展自然也就不在话下。

在这方面，美国零售巨头沃尔玛公司的管理层做得就非常好。

众所周知，"顾客至上"是沃尔玛一直奉行的原则，但是，该公司在奉行"顾客是上帝"的同时，也维护员工的利益，尊重员工的人格。因为在他们看来，无论是顾客，还是员工，人格上都是平等的。他们认为，在员工与顾客发生冲突时，不要当着顾客的面批评员工。在把顾客心平气和地送走之后，要了解真实情况，准确判断是非。如确系员工的责任，当然要严肃处理，如责任确实不在员工，就要尽最大努力做好安抚工作。如去看望一下员工，给予适当的经济补偿等。

这样，员工感到自己与顾客在领导眼里是平等的，领导是明辨是非的，天大的委屈也就都消失了。员工有了受尊重的感觉和安全感，工作自然就会受到鼓舞。

不难看出，"平等"对于下属的感情而言是非常重要的。我们要想客观地对待下属，首先就不能与一部分或个别人过分亲密，而同时过分疏远另一方。在工作问题上，应该是一律公平看待，工作上一样支持，不要戴"有色眼镜"看人，更不能"看人下菜"。

要记得，员工一次成绩的取得绝不能成为他赚取私人感情的资本。你对某个员工的偏爱会让其他的员工为你们的这种亲密关系不知所措。一个个问号会在他们的脑海中被肯定了又否定，否定了又肯定。在一段时间的折腾之后，他们与你和所喜爱的那位员工的距离会越来越远。

由于待遇的不平等、机会享受的不公正（至少他们会认为是这样），企业的人际关系变得紧张了，员工们从你的偏爱中也学会了选取个人所好来加强个人的势力。结果，最糟糕的事情发生了，企业仿佛变得四分五裂，无数的小阵营使企业的这股绳结出了许多解不开的"死疙瘩"！

犯了错误的员工通常都有自知之明，他们在对自己的行为检讨的同时也是懊恼不已。你对他们的归类不仅使得他们的信心又遭受了一次打击，而且他们还会产生破罐破摔的消极情绪，并对企业与领导产生了极强的敌对抵触情绪，这显然是企业安定团结的一种巨大的潜在危险。

不过，一视同仁，说起来容易做起来难，我们若是力求公正，首先就要警惕不要在以下两个方面误入歧途。

一、公正不等于公平。公正是公平的前提，公平是公正的体现。但是，公正了不一定就能公平。例如，我们为实施激励，出台了一些相应的规定以配合奖惩。但很多人为了达到奖励标准，会根据考核办法，全力做到符合规定，这时真的、假的、半真半假的、亦真亦假的情况都会出现，弄得我们头昏脑胀，很不容易分辨清楚，以致每次公布结果，员工都觉得不公平。

要解决这个问题，最好的办法就是根本改变公平的观念。我们应坦诚地向员工说明"我只能够公正，却很难保证公平"。如果我们自己过分强调"公平"，员工就会用不公平来批评我们，得到奖赏不感激，未得奖赏不服气，完全是我们自认为公平所招致的恶果。坚持公正但承认不公平的存在，是解开两难选择的突破口。

二、特殊情况需要特殊处理。我们强调的"一碗水端平"，是指对待员工要一视同仁，然而这并不是说，你要对所有的员工进行绝对一样的管理。

企业是由不同类型的员工组成的"大家庭"，为了最有效率地进行管理，我们需要了解那些为你工作的员工，而且要试着把他们看做独立的个体。即每个人都有各自的优缺点、喜爱以及专长，你还要了解需要做的都是些什么，然后再考虑每个人能干些什么、谁愿意干，只有这样才能让员工为企业转动起来。因此，我们应该针对不同类型的员工采取不同的管理方式，一句话，就是"特殊情况特殊处理"。这是对"一碗水端平"原则的有益补充。

总而言之，对员工一视同仁，是我们处理与员工关系的重要原则，也是赢得员工信任的重中之重。只有做到这一点，我们才能保证针对不同员工的专门管理方式行之有效。朋友们请记住，人是企业中第一宝贵因素，任何时候都不可缺少。钞票没有了可以赚回来，机器坏了可以修理，但如果失去了员工的向心力，只怕千金也买不回来。

04

乔治定理：有效沟通

——让下情能为上知，上意迅速下达

一个企业要实现高速运转，要让企业充满生机和活力，有赖于下情能为上知，上意迅速下达，有赖于部门之间互通信息，同甘共苦，协同作战。要做到这一点，有效的沟通渠道是必需的。一如英特尔公司的前任 CEO 安迪·格鲁夫所言："领导公司成功的方法是沟通、沟通、再沟通。"

善于倾听是有效沟通的前提

为逃避人类的伤害，鹰王与鹰后经过长途跋涉，飞到一片遥远的森林。它们在密林深处挑选了一棵又高又大、枝繁叶茂的橡树，打算在上面定居下来，并在最高的一根树枝上开始筑巢，准备夏天在这儿孵养后代。

鼹鼠是住在这儿的老居民，看到两只鹰在忙忙碌碌，它忍不住提醒鹰王："你们可不能在这棵橡树上安家，它不安全，它的根已经快烂光了，随时都可能倒掉。你们赶紧另选个地方吧。"

"嘿，真是怪事！我们老鹰的眼睛多么锐利，还用得着你们鼹鼠来提醒吗？你们这些只会躲在洞里的家伙，能看到什么，竟然胆敢跑出来干涉鸟大王的事情？"

鹰王压根儿不听鼹鼠的劝告，继续忙着筑巢。不久，鹰后孵出了一窝可爱的小家伙。

一天早上，外出觅食的鹰王满载而归。当它怀着兴奋的心情准备回到温暖的家中时，看到的景象却是，那棵高大的橡树倒了，它的孩子无一例外葬身其中。

眼见此情此景，鹰王恸声大哭："我多么糊涂啊！当初不听鼹鼠的忠告，如今终于受到了惩罚。我从没有想过，一只鼹鼠的警告竟会是这样准确，真是怪事！真是怪事！"

"轻视从下面来的忠告是愚蠢的！"鼹鼠答道，"你想一想，我就在地底下打洞，和树根十分接近，树根是好是坏，有谁还会比我知道得更清楚呢？"

管理思考

寓言虽短，寓意精辟。它告诉我们，管理者要谦虚为怀，善于听取最基层员工的意见。群众的眼睛是雪亮的，企业哪里存在隐患，员工的心里最有数，员工的建议我们必须予以高度重视。

善于倾听是有效沟通的前提。听人说话之所以重要，不仅是因为其有助于对事物的了解以及对说话内容的掌握，更因为听话是与他人个性契合、心灵沟通的根源。现代社会观念，已认识到说话的方法、交谈的技巧、相互的了解等对于和谐的人际关系的重要性。但是，大多数人仍偏重于说话的技巧和表达能力，致力于这方面的学习与训练，而忽略了听话，要了解话中含义的重要性。倾听别人说话表示敞开自己的心扉，坦诚地接受对方、宽容对方、体贴对方，因而导致彼此心灵融通，是现代社会取得良好人际关系的又一个重要方面。

事实上，许多管理者不愿倾听，特别是不愿倾听下属的意见。

殊不知，管理问题在很大程度上就是沟通问题，80%的管理问题实际上就是由于沟通不畅所致。不会倾听的管理者自然无法与下属进行畅通的沟通，从而影响了管理的效果。

倾听，并不一定代表你对对方谈话的认同，它仅表示对对方的尊重。每个人都有表达自己想法的权利。每个管理者都希望自己的讲话能够被下属认真地倾听，同样，每位下属也希望自己的声音能够被自己的上级倾听。倾听不是"听见"，与"听见"不同，它反映了我们对待下属的态度。如果某位朋友认为自己听见了，就是在倾听，这是错误的，因为倾听不仅仅用的是耳朵，更要去用心。

1. 理解下属想说什么

我们在倾听时首先要弄明白的是下属到底想说些什么，是对公司的建议、对某人的意见，还是对待遇的不满？由于每个人的性格不同，不同的员工在表达自己的观点时采取的方式也不尽相同。比如，性格较内向的下属在表述一些敏感的问题时可能会更加隐晦。这需要我们在平时多与下属接触，多了解下属的动态，这些对正确理解下属的意图很有帮助。

2. 站在对方的立场去倾听

下属在讲述自己的想法时，可能会有一些看法与公司的利益或我们个人的观点相违背。这时不要急于与下属争论，而应该认真地分析他的这些看法是如何得来的，是不是其他下属也有类似的看法。为了更好地了解这些情况，我们不妨设身处地地站在下属的角度，为下属着想，这样做可能会发现一些自己以前没有注意到的问题。

3. 听完后再发表意见

在倾听结束之前，不要轻易发表自己的意见。由于你可能还没有完全理解下属的谈话，这种情况下妄下结论势必会影响下属的情绪，甚至会对你产生抱怨。我们在发表自己的意见时，要非常地谨慎。特别是在涉及一些敏感的事件时，尤其要保持冷静，埋怨和牢骚绝不能出自我们之口。对员工而言，你的言论代表着公司的观点，所以你必须对你说出的每一句话负责。

4. 做记录，并且兑现承诺

在倾听员工的讲述时，最好做一些记录，一方面表明你对他谈话的重视，另一方面也可以记录一些重要的问题，以防遗忘。我们对自己作出的承诺，最好也进行记录。作出的承诺，要及时进行兑现；如果暂时无法兑现，要向员工讲明无法兑现的原因，以及替代的其他措施。

请记住，沟通是管理者所必须具备的基本能力。有效的沟通会使下属产生一种被重视、被信任的感觉，对激发员工的工作热情、使命感、责任感，都会产生非常积极的影响。所以我们不得不重视。

倾听不满，解决问题

一点故事

小马里奥特是万豪国际酒店集团的董事长和CEO，他喜欢走动式管理，以四处巡视旗下酒店为乐事。有一次他巡视酒店，注意到顾客对餐厅女招待的服务评分不高。

他问那家酒店的经理，问题出在哪里，经理说不知道。

但是，小马里奥特注意到了这位经理不安的身体语言，接着问女招待的待遇是多少。

得到回答之后，他接着问为什么待遇比市场标准低。

经理说，员工的加薪要总公司决定，而他不想提出来。

对话不过 30 秒，但是小马里奥特发现了 3 个严重的问题：

第一，总公司管得太多。

第二，高层重视利润胜过顾客满意度。

第三，经理不敢提加薪要求，说明他的上级是糟糕的倾听者。

了解了这些问题后，小马里奥特回总公司就开始着手处理这些事情，并制定了一系列的相应措施，最后解决了这三个问题。

小马里奥特说："我所做的，只是改变这位经理什么都不说的习惯，并且告诉他，有人愿意倾听他的问题——这是他的上级主管显然不愿意做的事。"小马里奥特很重视倾听，也善于倾听。

管理思考

任何企业，在它生存、发展、壮大的过程中，不可避免地会出现某些员工对管理者心生不满或有所抱怨的现象。作为一名管理者，我们在这种情况发生之时，若未能有效地加以解决，往往会使问题扩大化，最后演变为不可收拾的局面。

所以说，作为管理者，我们必须充分重视员工的抱怨，绝不可对员工的不满和抱怨掉以轻心、漠然视之。实际上，正是抱怨和不满，才能使我们意识到公司里可能还有其他人也在默默忍受着、抱怨着同样的问题。这种情况下，生产效率就会受到严重影响。面对员工的抱怨，我们必须谨慎地处理，不可置之不理，轻率应付。

"让员工把不满说出来。"这句话是由有着"世界第一CEO"之称的前美国通用电气集团首席执行官杰克·韦尔奇说过的一句话。"让员工把不满说出来"，实际强调的是沟通的重要性。通过这种沟通，可以实现企业内部管理信息的"对流"。一方面，倾听员工发自内心的呼声、意见和建议，便于企业决策层、管理层撤销不合理的管理办法，制定出更加科学合理的制度，提高管理水平；另一方面，听到来自企业决策层、管理层的准确声音之后，员工的顾虑、猜疑和不解就会烟消云散，工作起来心情舒畅，把更多的精力投入创新生产技术、提高工作效率上，增强企业竞争实力。

退一步说，其实任何管理者都不可能把所有的工作都做得非常完美、滴水不漏，总有一些事情处理得不公平、不恰当，一些重大决策制定得不合理，一些管理工作做得不到位，使员工产生了不解或不满情绪。这时，如果我们不能和员工进行有效的沟通，让员工把不满说出来并及时处理，就会使员工的不满和怨气越聚越多、越积越重，最终导致企业发生严重的管理危机。因此，"让员工把不满说出来"不失为一种很明智、很可取地化解员工矛盾的好方法。

当然，"让员工把不满说出来"说起来容易，做起来很难。这需要我们态度诚恳，能够洗耳恭听员工的意见，甚至是批评的意见，而不是走走形式，或做做样子。一般来讲，如果我们这些管理者具有较敏锐的直觉，在听取员工的牢骚或辩白时，往往就会对问题的所在一目了然。但即使如此，我们也不能在员工刚开口时就泼冷水，也切不可在他尚未提出意见时就加以反驳。因为如此一来，只能使他们原本低落的情绪更加低落。对员工的抱怨，我们必须认真对待，要把它当成一件大事来抓。所以我们要：

一、了解反映的所有细节，做笔记，询问反映的每一个细节、时间、地点、环境、其他在场的人等。一定要保证你获得解决这一情况所需的全部信息。

但要注意，不要在这一步骤中评价员工的反映。通过专心倾听，你可以获得所有的细节，一定要做详细记录以备以后参考。这些记录对解决问题非常有好处。

二、作出反应，说明你已了解了问题，比如重复每一个细节，在谈论问题的其他方面时对每一个细节都已掌握了。如果你发现员工根本不同意你的表述，要立即澄清事实。努力倾听员工的话，可以维持或强化他们的自尊心。

三、坦诚表明你的立场，记住，该说的都说了，该做的都做了，解决问题的责任都落在了你的身上。专心听使你易于理解员工在事件中的立场。由于每一个事件都有两个立场。你只有考虑到事件对整个组织的影响后，才能够处理反映的问题。要很诚恳地说明你的立场，说明你是就事论事，要针对反映的问题本身和他的影响，不要针对员工的个性发表意见。这样，就可以作出一种客观地反应，有技巧的反应会维持员工的自尊心。

四、要询问员工如何处理他反映的问题，一定要让员工参与解决，这样你会获得他的承诺。如果问题很复杂，你应坦诚说明你解决问题的意图，以及可选择的解决方案等让员工相信你不是在敷衍他。

五、员工的抱怨将会提醒你的注意，对此应表示谢意，通过对员工表示谢意，说明员工对问题的看法向你提供了有价值的建议。员工知道你高度评价了他在解决问题时所付出的努力时，会在出现别的问题时更努力。通过强调小组工作的重要性进一步加强员工的自尊心。

六、要有自我控制力，在面对员工的抱怨时，你需要有耐心和自我控制力，尤其是员工的抱怨牵涉你，使你感到很尴尬时，更需要极大的耐心和自我控制能力。

掌握事实。即使你可能感觉到不迅速作出决定会有压力，你也要在对事实进行充分调查之后再对抱怨作出答复。要掌握事实全部事实。要把事实了解透了，再作出决定，只有这样你才能作出完善的决定。小小的抱怨加上你匆忙的决定可能变成大的冲突。

总而言之，作为管理者，我们不能让员工的抱怨越积越多，一旦发现员工有不满情绪要及时了解情况，及时解决处理；否则不满情绪越积越多，就像充气的气球，到了一定程度就会爆炸。

克服沟通中的障碍

美国知名主持人"林克莱特"一天访问一名小朋友，问他说："你长大后想要当什么呀？"小朋友天真地回答："我要当飞机驾驶员！"林克莱特接着问："如果有一天，你的飞机飞到太平洋上空所有引擎都熄火了，你会怎么办？"小朋友想了想说："我会先告诉坐在飞机上的人绑好安全带，然后我挂上我的降落伞跳出去。"当在现场的观众笑得东倒西歪时，林克莱特继续注视着这孩子，想看他是不是自作聪明的家伙。没想到，接着孩子的两行热泪夺眶而出，这才使得林克莱特发觉这孩子的悲悯之情远非笔墨所能形容。于是林克莱特问他说："为什么要这么做？"小孩的答案透露出一个孩子真挚的想法："我要去拿燃料，我还要回来。"

我们不妨来回忆一下，在与下属的每一次交谈中，你是否都真的听懂了他们的话？你是不是常自以为是地用自己的权威打断手下的发言？很多管理者都会犯这样的错误——下属还没来得及表达完自己的观点，他们就按自己的想法大加评论和指挥。换位思考一下，假如我们不是领导，我们还会这样做吗？忽视下属的发言，一方面会令我们偏听偏信，作出片面的决策，另一方面还会带给员工被轻视的感觉。久而久之，他们将不会再有兴趣向我们反馈真实信息，那么我们也就成了某种意义上的聋人和盲人。

在管理中，我们总要通过一定的渠道和方式来与下属交流信息，沟通思想，协调行动。如果沟通渠道堵塞、互不通气，就会造成了解情况上的片面性，"听风就是雨"，引起认识上的偏见和感情上的隔阂。甚至有时，信息传递失真，也会产生误解和歧视，引起冲突。例如，在一个企业中，由于信息渠道的不畅，设计、供应、生产、销售几个部门就常常在工作上发生冲突。在工作的完成过程中，如果遇到与他人交流上的困难，工作的完成就会遇到更多的困难。

我们要实现与员工之间真正良好的沟通，就必须在细节上下功夫，克服在沟通中的种种障碍。那么，沟通的障碍主要来自哪几个方面呢？我们来看一下。

一、过滤。过滤指信息发送者有意操纵信息，使信息显得对接受者更为有利。比如，一名员工告诉上级的信息都是上级想听到的东西，这名员工就是在过滤信息。这种现象在组织中经常发生，当信息向上传递给高层管理人员时，员工常常压缩或整合这些信息以使上级不会因此而负担过重。在进行整合时，个人的兴趣和自己对重要内容的认识也加入进去，因而导致了过滤。

二、情绪。在接收信息时，接受者的情绪也会影响到他对信息的解释。不同的情绪感受会使个体对同一信息的解释截然不同。极端的情绪体验，如狂喜或悲痛，都可能阻碍有效的沟通。这种状态常常使我们无法进行客观而理性的思维活动，代之以情绪性的判断。

三、语言。同样的词汇对不同的人来说有时含义是不一样的。词汇的意义不存在于词汇中，而存在于使用者中。年龄、教育和文化背景是3个最主要因素，它们影响着一个人的语言风格。在一个组织中，员工常常来自不同的背景，有着不同的语言表达方式。另外，部门的分化使得专业人员发展了各自的行话和技术用语。你我可能同说一种语言，但我们在语言的使用上却并不一致。

四、文化。一个组织内其成员之间文化水平比较接近，信息沟通就容易进行；相反，文化水平相差较大，信息沟通就相对困难。组织是靠信息沟通、协调和组织全体成员的力量来实现组织目标的。如果部属文化水平低，则管理者将难以同他们进行有效的信息沟通，步调就难以保持一致，妨碍组织工作效率的提高。例如，组织目标的宣传、工作的分配、工作措施的落实、技术改造等，都需要与部属进行沟通。但如果部属文化水平较低，上述这些工作就不易得到部属的了解、赞同和支持，由此造成组织内信息沟通出现障碍。

五、地位。组织是一个多层次的结构，因此，企业中一个普通部属可能常与同事、主管进行交流，因不能经常接触也能造成交流障碍，但不一定是地位原因。一般来说，组织规模越大、成员越多，处于中层地位的人员相互交流次数增加，而上下层地位的人员相互交流次数相应减少。尤其是企业管理者，常常因为自恃高明、目中无人、听不得不同意见、独断专行等，容易阻塞上下信息的交流渠道。从部属的角度来说，他们怕得罪顶头上司或害怕受到处罚，有问题往往不反映，或报喜不报忧，造成信息虚假，影响企业健康发展。

六、空间距离。对信息交流及其效果有很大影响。一般来说，双方面对面地进行交流，有利于把复杂问题搞清楚，提高交流效果。如果交流双方距离太远，接触机会少，只能进行间接交流，那就很难把问题搞清楚，使双方都明白。在组织中，高层管理者与第一线工作的员工之间、不同部门员工之间存在着空间距离的远近，空间距离造成了信息交流的障碍，使他们接触和交流的机会减少，即使有机会接触和交流，时间也十分短暂，不足以进行有效交流。

为了解决或避免文化水平的差异所造成的信息沟通障碍，我们在选拔部属时，对文化程度应该有一定的要求，并对在职员工进行多种形式的培训或鼓励他们自学文化知识等来提高其文化水平。尽量使交流的内容适合对方的思想水平和文化水平，使之充分了解交流的内容。

为了解决由空间距离较远而产生的交流障碍问题，我们应鼓励成立和发展俱乐部、兴趣小组，通过各种有益活动，缩短成员之间的空间距离，增加接触和交往机会，促进部属之间的信息交流。

此外，团队要精简机构，减少交流层次，建立健全交流网络；管理者要尽可能地同下级和普通部属进行直接交流，使信息传递渠道畅通。

了解了沟通中可能存在的障碍后，再仔细回想你和员工上一次谈话的情形：在听员工说话时，你在做什么？是仔细聆听，还是听而不闻？在对员工说话时，他们在做什么？是听得津津有味，还是昏昏欲睡？管理者和员工沟通时的小细节，会影响到员工对管理者、对企业以及工作的想法。

通常，员工会从管理者和他们的沟通中寻找蛛丝马迹。他们很注意管理者说了什么，以及没说什么。他们也很在意管理者的聆听能力，以及他们关心员工的程度。如果我们疏忽了一些小细节，会成为和员工沟通的致命伤。员工和我们有良好的沟通时，他们会比较乐于工作，而且生产效率也会比较高。所以，我们切不要把沟通当小事。

沟通中尽量使用委婉批评

一点故事

贾太太请了几位建筑工人来修缮、加盖她的房屋。刚开始的几天，每次她来到房子里的时候，总看到院子里到处是木屑，一片狼藉。她心中有些不满。但那些建筑工人都是技术很优秀的人，贾太太不会直接表达自己的不满，怕引起他们反感。她想到一个委婉的办法。

等工人们下班离去之后，她和孩子把所有垃圾清理干净，让院子里恢复得井井有条。第二天早上，她把工头叫到一旁，悄悄对他说："我很满意昨天你们把前院清理得那么干净，没有惹得邻居们说闲话。"从此以后，工人们每天完工之后，都把木屑堆到院子角落里，领班也每天检查前院有没有维持整洁。

这就是委婉批评的妙处，其实我们大家都知道，管教孩子的方法可分"限制"和"要求"两种。孩子在餐厅吵闹时，我们大声吼住是限制管教。这方法虽能吓阻孩子的行为，却会让孩子感到无所适从。相反，斥责后再指示该怎么做，便属于后者——要求管教。

美国的心理学家以 8 岁的孩子为对象，调查孩子的上进心与幼儿期的管教方式的关系。结果显示，有上进心的一组孩子均是接受要求管教而成长的，而缺乏上进心的孩子自小到大完全是接受限制管教。

为什么接受限制管教而长大的孩子干劲低落？因为行为受限制，自然会产生不满，使向上精神降低。行动被禁止或抑制，是表示欲求遭受阻碍，这会使人失去意愿，也会缺乏去改变行动的积极精神。限制管教法用久了，孩子便会丧失上进心。

只要能汲取这点教训，对提高批评效果会有所助益。因为我们之中大多数人都误以为，批评就是管理，也以为不常常批评部下反而会被部下轻视，所以，为表示自己的地位高于部下，便以批评作为管理的重要手段。但像这样以批评来惩罚部下，到最后不免会削弱部下的干劲。因为人的大脑的部分刺激将会波及四周，而想起过去发生的许多事，且会无限扩大，使人感到犹如被绳子勒紧脖子一般。如此将会使部下的欲求不满，上进心也随之减弱。基于这点，我们在批评下属之际，首先要确定批评内容。在脑海中先演示批评的经过情形，才能增加批评效果。

毫无疑问，我们这些做管理者的必须对罚持慎重态度。慎重的一个侧面就是含蓄、委婉。对于现代管理者而言，在一些特定条件下，批评他人，指出别人工作中的错误和疏漏不能过于直接，因为那样容易造成对抗情绪，从而导致他错上加错。而委婉的批评、善意的指导则容易让人接受。

其实其中是很有学问的，就拿赞美而言，赞美我们大家知道，初衷都是好的，但偏偏有许多朋友在赞美之后，喜欢拐弯抹角地加上"但是"两个字，这效果就大不一样了。举例来说，有人想改变孩子漫不经心的学习态度，很可能会这样说："小明，你这次成绩进步了，我们很高兴。但是，你如果能多加强一下代数，那就更好了。"

原本受到鼓舞的小明在听到"但是"两个字之后，很可能会怀疑到原来的赞美之辞。对他来说，赞美通常是引向批评的前奏。如此，不但赞美的真实性大打折扣，对小明的学习态度也不会有什么助益。

如果我们改变一两个字，情形将会大为改观。我们可以这么说："小明，你这次成绩进步了，我们很高兴。如果你在数学方面继续努力下去的话，下次一定会跟其他科目一样好。"

这样，小明一定会接受这番赞美了，因为后面没有附加转折。由于我们也间接提醒了应该改进的注意事项，他便懂得该如何改进，以达到我们的期望。

批评也是这个理，委婉批评总比直接批评要好，间接指出别人的错误，比直接说出口来要温和，且不会引起下属的强烈反感。在这方面，我们为大家提供了几点建议：

一、批评要对事不对人。

二、万不可伤害下属的自尊。

三、将怒火控制在合理的范畴之内。

以下则是一些间接批评的方法，提供给大家以做借鉴之用。

一、旁敲侧击，给其暗示。

二、逐步深入，顺序渐进。

三、用语婉转，予以启发。

四、褒贬结合，欲抑先扬。

下属的错误是管理者需要经常面对的问题，而批评则是一种负强化激励手段，是对下属的错误行为给予否定，使之逐渐减弱、消退，以改正错误。管理在批评下属时应因人、因事而异，有时需要坦白指出来，有时则需要迂回一下，委婉一点。两者的区别和火候需要我们这些管理者用心揣摩才行。

让员工成为知情者

◤一点故事

法国国内知名企业家鲁迪·盖伊管理着一家拥有上万名员工的大企业，他早在创业之初就认识到了与员工沟通的重要性，而且他也切切实实地将沟通法则运用到了自己的企业之中。

在鲁迪·盖伊的"员工意见沟通"系统之下：只要是个人或机构一旦购买了他们的股票，那么，这些股票持有者就有权知道企业的完整财务资料，并且一定会得到有关资料的定期报告；当然，这家企业的员工更有权知道并且能够得到这些财务资料，甚至是一些更为详尽的管理资料。鲁迪·盖伊的"员工意见沟通系统"主要分为3个部分：员工大会、定期举办的主要事宜汇报大会，以及每月都会定期举行的员工协调会议。同时，鲁迪·盖伊也鼓励他的员工以另外一种形式进行意见沟通。他在工厂各处设置了许多意见箱，员工们只要愿意，可以随时将自己的问题或意见投放到这些箱子中。

那么，鲁迪·盖伊的沟通体系起到作用了吗？我们来看看，在20世纪80年代，欧美国家遭受经济危机，许多企业都在衰退，而鲁迪·盖伊的企业却逆流而上，其生产率仍然以每年15%的速度递增。那段时间，这家企业的员工缺勤率低于3%，流动率低于10%，在同行业企业之中皆是最低的。

▨▧ 管理思考

管理者要想赢得员工们的支持，要想使员工能充分地发表意见，首先必须获得员工的信任。不管企业经营状况是好是坏，员工都有知情权，而且只有知道了具体情况，才能针对问题进行有效沟通。

管理者不向自己的员工说明公司的实际情况，不让员工了解工作的背景会有很多风险，但是，管理者也确实很容易忽视这项任务。因为一般来说，员工们不知道公司的实际情况并不会给员工的日常工作带来阻碍。只有当公司的危机迫在眉睫，员工们不得不当场作出关键的决策时，让员工了解公司的实际情况才显得举足轻重。

一个公司经理正在向一个员工表示不满："你知道，在半年前，我就宣布我们公司要进入鞋类产品市场。你难道不明白，试探零售商对我们新产品的接受程度有多重要？如果你不下功夫的话，我们怎么能完成这一工作？"

员工回答道："我知道在向零售商推销时，自己确实没有在新产品上下功夫，这我承认，可是它并不是我们公司的主要产品。我把精力集中在内衣和睡衣产品上，工作要好做得多。我确实不知道公司准备大规模进军鞋类市场。其实，经理你可能早就知道新产品是一条重要产品线的组成部分，可这事从来没有人对我讲起过。不用说，要是知道公司将全力进军制鞋业，我自然会采取完全不同的方式。但你不能说上一句'下点功夫'就指望我能明白你的意思。你应该把公司的整体规划告诉我。"

由此可见，如果公司员工不了解公司的实际情况，将会给公司带来多么大的影响。

管理者告诉员工公司的实际情况，至少有两个重要目的。

第一，员工们可以从中得到公司业务主次的信息。在上面案例中，如果那个员工认为新产品只不过是公司偶尔对新业务进行尝试的非主流产品，那么他对是否能推销出这个产品就会漫不经心，但要是他知道了这是公司为进入全新的产品领域而用来打头炮的产品，正如他自己所说，他就会"采取完全不同的方式"。在面对现有的顾客群时，他自然会更加强调这一产品，甚至会去发掘其他顾客。

第二，员工们可以从中了解到自己在公司整体规划中的职责，以及自己的工作对其他部门的影响。这一整体规划包含有公司的重要目标指向。员工们不仅需要知道公司的重要目标，也要知道自己在实现这些目标中所起的作用。

有了这些信息，员工们就会作出决策，以使公司内部摩擦降到最低程度。比如，要是上面那个案例中的员工知道自己每个月的销售预测都将成为决定各条产品线产量的直接依据的话，他会更加谨慎，以便准确及时地作出预测。如果由于认为某个产品没有销路，从而削减了该产品的产量，但事后却因开工不足，未能向顾客及时供货。当那个员工认识到自己糟糕的预测与怒气冲冲的顾客的电话之间的联系时，他会更加谨慎。要是对这些因果联系以及相关的信息一无所知，他会认为自己真正的工作是到顾客那里去推销产品，而预测工作只不过是"纸上谈兵"而已。

如果管理者没有将公司的信息告诉给员工们，就增加了他们陷入困境的可能。他们以为自己知道发生的事情，事实却并非如此。当员工们发现管理者一而再、再而三地不让他们知道公司的实际信息时，很快就会对管理者所说的任何话失去信任，继而对管理者本人产生不信任，从而对上下级之间的沟通产生严重的破坏。

因此，管理者在与员工的沟通中，必须对员工待之以诚，让员工知道企业真实的情况，为相互之间的沟通找到最佳的方法。

05

热炉法则：执法必严

——火炉摆在那里，谁碰谁被烫伤

一个组织必须具有大家遵循的行为准则，当一个组织的行为准则的底线被突破的时候，必须给予恰当的惩罚。执行和落实惩罚制度虽然会使人痛苦一时，但绝对必要。如果我们在执行赏罚时优柔寡断、瞻前顾后，就会使制度成为摆设，失去其应有的作用。

确立制度的权威性

一点故事

国王得到了一个纯金打造的巨大鼎炉，决定将它作为王国的国宝，并放在王国的中心供所有人瞻仰。

但紧接着他遇到了一个难题：路人总是喜欢随手触摸国宝。

这样一来，国宝就失去了它原有的权威。

这时丞相出了个主意：将金炉烧热，这样就不会有人随意乱摸国宝了。国王按照这主意去做，由于金炉很烫，再也没有人不听劝告乱摸国宝了。而且一年后，即使不把金炉烧热，也没有人去摸了。

管理思考

纪律是一切制度的基石，组织与团队要长久存在，其重要的维系力就是执行团队纪律。毫无疑问，每个团队都有自己的规章制度，如何维护制度的权威性是每个管理者都必须要面对的问题。这要求我们这些做管理的首先要带头遵守，尊重制度的权威性。其次要让全体成员明确制度内容，让他们看到"没有规矩"的后果，该奖则奖、该罚则罚，以保证政令畅通，落实到位。

也就是说，在管理中，我们不能只求做个老好人，要严、严厉、"不讲情面"，管理团队就要这样。因为从某种程度上讲，任何团队要想让组织高效运行，就应该执行严格的管理政策，管理者就要以"铁手腕"严格执行既定的规章制度。

咱们中国有句老话"国有国法，家有家规"，我们制定出来的各种规章制度不能只是纸上谈兵，如果是这样，那要它有何用？所以手软是绝对不行的，它达不到你想要的效果。在这方面，英特尔的管理层为我们作出了很好的表率。

英特尔从创立开始就非常强调"制度"，处处都有清楚的规定，每天早上的上班制度就是最明显的例证。在英特尔，每天上班时间从早上8点整开始，805分以后才报到的就要签名在"英雄榜"上，背负迟到的"罪名"，即使你前天晚上加班到半夜，当天上班时间仍是上午8点。这和20世纪70年代嬉皮盛行、个人享乐主义凌驾于一切的精神有些背道而驰，可是却延续至今，始终如一。

英特尔整个公司的管理制度都很严明，从制造、工程到财务，甚至行销部门，每件事情都有清楚的规范，人人都以这些规范来作为自己工作的准则。许多公司重视人性化管理，以重视员工为口号，只有英特尔强调制度胜于一切。这种注重企业自主管理的经验和方法，使英特尔的企业文化独树一帜。

大家看，这就是执行力的作用。只不过时至今日，仍有很多做管理的朋友认为"制度就是那么一回事，没有必要去较真"。但事实是：你不较真，他们就不认真！这几乎是世界上所有动物的一种惰性——他们没有了威胁，就会散漫起来。基于此，西方管理学家曾提出一个"热炉法则"，它的实际指导意义在于，当有人在工作中违反了规章制度，就像去碰触一个烧红的火炉，一定要让他受到"烫"的处罚。

这与奖赏之类的正面强化手段相反，属于反面强化手段，但其目的殊途同归，都是为了使下属更好地发挥自身的潜能。对于我们这些管理者而言，参考一下"热炉法则"有四大惩处原则是很有必要的。

1. 预警性原则

热炉通红，就摆在那里，只要不傻，不用手去摸就知道炉子是热的，会烫伤人。这通红的"火炉"就好比纪律法规，是一柄时刻悬在团队每一名成员心头上、闪着寒光的"达摩克利斯剑"。纵然是我们这些管理者，虽权力在握，但也不可忘乎所以，必须对法则慎独慎微，让下属看看，让他们知道你也在时时想想那通红灼人的"火炉"，这样从上到下，谁都不敢为所欲为了。

2. 必然性原则

当有人触摸热炉时，无论是谁、采取什么样的方式触摸，都肯定会被烫伤。换言之，团队中的任何人，只要触犯了制度中的明文规定，就一定要受到处罚，这一点我们绝不能手软。事实上有时候，"树上有一只鸟被打死，其他九只鸟却吓不跑"。这些"菜鸟"就是抱着一种侥幸心理，以为自己摸了"热炉"，不一定会被灼伤。要抑制这种现象，我们必须彰显出制度法规约束力的绝对权威，使那些贪婪之人掂量掂量炙热"火炉"的温度，他们也就不敢伸手了。

3. 即刻性原则

当有人碰到热炉时，立即会被灼伤。在管理中，惩处必须在错误行为发生后及时进行。"刑罚不时，则民伤；教令不节，则俗弊"。

要想铲除腐败之癌，"除恶务快"是很重要的一环。

4. 公平性原则

"热炉"没有任何"弹性"，无论什么人，无论何时何地，只要触摸了"热炉"，都会被烫伤。"伸手必被捉"。只要做到"不辨亲疏，不异贵贱，一致于法"，除恶务尽，有邪念者就不敢再去触碰"热炉"了。

"巨壑虽深，兽知所避；烈火虽猛，人无蹈死。"看来，我们这些做管理的人，必须充分发挥"热炉法则"的巨大威力，使"作奸犯科"真正受到惩处和震慑，这样教育才有说服力，制度和监督才有约束力。那么在制定规章制度时，还有哪些问题不能忽视呢？

不过同时我们也要搞清楚，"不手软"并不等于滥施权力、粗暴蛮横地对待下属，一味显示自己的威信。我们对待下属，无论怎样严厉，都要讲一个公道，在处罚时要有条、有理、有据，甚至要向他们解释清楚团队为何要制定这条规章，为何要采取这样一个纪律处分，以及我们希望这个处分能够产生什么样的效果。我们要知道的是，执行任何的规章制度，目的都是为了维护良好的秩序，而不是处罚本身。因此，你应该向你的下属表示你对他的信任和期望。在对违反规定的员工处罚完以后，要肯定他的价值，以向上的激情去鼓励他，以消除他对处罚的怨恨和郁闷之情。

此外，还有一点需要提醒大家注意，很多朋友也许认为"这些规定谁都知道，没有必要整天把制度挂在嘴边"。事实上我们不能这样想，要知道，那些新来的团队成员，甚至有时有些老家伙，直到自己违反了某项规定，才恍然大悟，才知道原来还有这样的一条规定。因此，加大对制度的宣传、学习也是十分必要的。当然了，作为管理人员，我们自己更应该明白以身作则的重要性。如果你没有这样做，那你就是在向其他人表示，制度只不过是一种摆设。这不是搬起石头砸自己的脚吗？

强化执行力，保证决策有效性

▓▓一点故事

从前，有一只真抓实干的黑猫，它每天都能捉 10 多只老鼠，让老鼠们吃尽了苦头。于是，老鼠们召开研讨会共商对付黑猫的办法。有的建议加紧研制毒药，有的说干脆一齐扑上去把黑猫咬死。最后，还是鼠王提出了一个与众不同的想法："老鼠杀猫是不可能的。如果不能杀死它，就应设法躲避它。咱们推选出一名勇士，偷偷地在猫的脖子上挂个铃铛。这样一来，只要猫一动就会有响声，大家就可以事先躲起来。"老鼠们公认这是个很好的想法。但怎样执行呢？高额奖金、颁发荣誉证书等办法一个又一个地提出来，但讨论来讨论去，老鼠们也没有找到一个敢于执行这一决策的勇士。

这个故事告诉我们：再好的决策，如果不能执行下去，那也是毫无意义的。

这不仅让我们又想到了狼群，在狼群中，服从绝对是个不容置疑的问题，因为只有这样才能保持强大的攻击性，也只有这样，狼群才能在激烈的生存竞争中立于不败之地。狼群拥有如此强悍的执行力，首功当属阿尔法公狼，它有着极强的率队能力和决策能力，正是它将狼群训练成了强有力的执行组织。

作为管理者，我们理当具备阿尔法公狼的能力和气魄，无论是管事还是管人，都是立足于"管"。我们必须紧抓不放的一个原则，就是做到令必行、禁必止，也就是执行力。只有这样，企业的主导思想才能迅速化为员工的具体行动，我们才能管出效率、管出成绩。

对一个特定的管理者而言，执行力主要体现为一种总揽全局、深谋远虑的业务洞察力；一种不拘一格的突破性思维方式；一种"设定目标，然后坚定不移地完成"的态度和行为；一种雷厉风行、快速行动的管理风格；一种勇挑重担、敢于承担风险的工作作风等。

大部分管理者都乐于布置任务、作决定，但真正有效的管理者却都擅长使布置下去的任务和作出的决定得以执行。要改善执行部门的执行力，就要把工作重点放在这个部门的领导者身上。可以这样说：一个好的执行部门能够弥补决策方案的不足，而一个再完善的决策方案也会死在滞后的执行部门手中。从这个意义上说，执行力是企业管理成败的关键。

可能有不少朋友都存在一种认识上的误区，我们无意识地将目标与策略、步骤、方法、措施等同了起来，认为自己制定了企业的发展目标，就等于作好了实施策略、步骤、方法和措施的保障。正是这种错误的认识造成了企业执行力的薄弱。目标只是企业的发展方向，是一种主观的愿望，而如何采取一些恰当的方式来达成这些目标，才是保障执行的策略、方法和措施。仅仅依靠目标是无法推动员工有效执行的，因为每个人对如何达成策略目标的理解是不同的。在采取执行的手段上也会因人而异，这种情况都使得目标在执行过程中存在非常大的不确定性，从而造成企业目标在执行过程中的巨大偏差。

所以，执行力的关键在于保证企业员工行为的一致性，而这种一致性并不是来自目标，而是来自正确的策略、方法和措施。这是作为企业管理者，我们需要面临的另一个重要问题。很多企业的整体策略、方法和措施都在管理者一人的大脑中，平常都是通过管理者与员工之间的沟通来推动执行的。这就存在一种状况：经常沟通的员工容易理解管理者的意图，不常沟通的员工只能依靠自己的理解来行事，其后果自然会造成很大的偏差。问题在于，依靠口头沟通的方式无法将策略、方法和措施正确转化为一致的行动。我们必须要通过规范化的形式来完善执行体系，保证企业每一个员工都能够按照正确的策略、方法和措施来展开行动，不能按各自的理解来做事。

那么，我们怎样才能增强下属的执行能力，不让指令成为一纸空文呢？

一、保证发出的指令清晰、有效。管人的基本要求是发出的指令要正确，这是有效执行的基础。发出一个指令是容易的，但要做到清晰、正确，让下属有效接收到，则可能存在困难。首先我们发出指令时，用语应准确、简明扼要，多用数据，少用模糊语，尽量具体到时间、地点、任务要求、协作关系、考核指标和考核方式等详细内容。这样下属才能对同一指令产生相同的理解，才会产生一致的行动。

二、保证指令具有稳定性。如果朝令夕改，指令变化太快，缺乏稳定性，下级必然找不到方向感，不知从何着手。这也会让下级对我们产生不信任感，工作自然难以管理和控制。因此，我们在发出指令前，应经过深思熟虑，仔细审查指令的可行性，在执行中可能遇到的阻力，以及应对策略等。向下级解释清楚指令的内容和要求执行的原因，以统一全员的认识。如在执行过程中发现指令有不切实际的地方，应因事因时而异，区别情况采取不同的补救措施，立即更正发现的原则性错误。

三、加紧检查、监督，落实指令。再正确有效的指令如果得不到落实，等于没有指令。当然加紧检查、监督，但是定期或不定期的检查并不妨碍我们的主要工作。只有实地检查，才能清楚下级的真实执行情况，有领导监督，下级在执行时就不敢懈怠。

艾柯卡在担任福特汽车公司总经理和克莱斯勒公司总裁期间，为了加强质量控制，他采用季检查制度。每个季度末，管理者都要与直接下属下级坐在一起沟通一次，检查下属们上个季度的工作进行和目标完成情况，并规划下季度的任务。彼此达成一致后，下级写出可以完成的目标，上级签名以示生效。这种方法虽然简单却很有效。

四、强化执行。检查、监督之后，对于下属执行得好的方面，应采取措施加以强化。比如给予奖励和表彰，鼓励优秀者再创佳绩。对执行得不理想的，根据实际情况，采用不同办法纠正偏差。

此外还要提醒大家，企业由不同的部门和员工构成，不同的个体在思考、行动时难免会产生差异。我们若想使不同的分力最终成为推动企业前进的合力，还是要依靠企业文化，那种"领导说啥，就是啥"的盲目服从，不计后果、不顾大局的冲动鲁莽，说一不二、大搞一言堂，对待下属的简单粗暴等，都不是我们需要的执行力。这样做只会使企业陷入非左即右、矫枉过正的泥潭。

宽仁不断，必受其乱

▧ 一点故事

从前，永州这地方有一个好讲忌讳的人。因为他的生肖属鼠，就把老鼠看得像神仙一样。

他十分喜爱老鼠，家里从来不养猫和狗，也不准别人捕捉老鼠。于是，附近的老鼠成群结队地来到他的家中。他家中的各种器具全被老鼠咬坏，家中的一日三餐也是吃老鼠嘴边剩下来的东西。

白天，一群群老鼠从屋中东窜西跑，见了人也丝毫不害怕；到了晚上，老鼠们更是互相斗殴，吱吱怪叫，弄得盆器倾侧，使人无法入睡。

然而，这位属鼠的主人对老鼠情有独钟，丝毫也不放在心上。

后来，这位属鼠的主人搬走了，另外搬来一户人家。老鼠们以为新的主人和旧主人一样，照旧一样活动。新主人看到这种情况，惊奇地说："想不到前屋主姑息养奸，把这些丑类纵容到如此猖獗的地步。"

于是，他借来了几只猫，又让家人堵洞灌水，消灭老鼠。几天之中，打死的老鼠堆得像小山丘一样。

管理思考

这就是成语姑息养奸的由来。这个故事告诉我们，在管理中，如果我们宽仁不断，则必受其乱。所谓当取则取，当舍则舍，就是这个道理。

的确，人才是公司发展的基础，企业的发展和成就需要员工来创造。现今企业都提倡以人为本，提倡人性化管理。一般企业的管理制度，都会用合理的激励、赏罚措施去刺激员工的主观能动性，让他们自动自觉地去遵守公司的规章制度，主动去承担自己所应该担负的工作责任。这就要求管理者们必须真心热爱自己的下属，要像家长一样去呵护、帮助下属成长。其实，在一个企业或组织里，大部分员工都是积极上进的。但偶尔也会有个别品行、道德败坏的员工存在。对这样的员工，若一味姑息，放任自流，任其"作奸犯科"，只会造成无穷祸患。一个家庭中，溺爱之下多会出逆子。同理，一个企业里面，对品行不端的下属过度放纵，不但对其成长没有任何好处，有时甚至会引火烧身，殃及自己。所以，我们对待屡教不改的下属，绝不能姑息养奸，必须要采取相应的策略，加强管理，使整个团队沿着正确、健康的轨道发展。

毋庸置疑，多数领导者都希望自己的下属能够个个出色，都希望下属能够有好的发展，对于下属采取相应的惩戒措施，实属无奈之举。其实，对于领导者而言，惩罚并不是最好的解决办法，高明的管理者会将错误熄灭在初始阶段。这就要求我们：

一、及时批评，防微杜渐。我们应当认识到，批评也是对下属的一种关心，如果下属犯了错，依旧听之任之，日积月累，下属就会在错误的道路上越走越远，而更高领导也会追究你的监管责任。所以，我们在平时应多与下属沟通，多注意观察下属的一举一动，一旦发现下属有犯错的苗头，就及时将其熄灭，一旦发现下属犯下错误，就及时批评，以免错误扩大化。

二、讲究方式，对事不对人。毋庸置疑，批评倘若使用不当，势必会产生副作用，激起下属的逆反心理，造成上下级关系紧张。所以，我们在纠正下属错误之时，一定要尽量照顾下属的自尊心，批评时请务必秉持对事不对人的原则。

不可否认的是，作为管理者，我们需要具备宽容的特质，但宽容并不等于纵容。对下属错误的纵容往往会令我们自食其果，这是管理工作中铁的教训。现代企业之所以一再强调"以人为本"，主要是为了在"人才竞争"中胜出，是故对于"人才"，管理者多是比较优待的。他们能够设身处地地为"人才"着想，尊重他们的人格，体察他们的性情，给他们尽情发挥能力的空间，这些是所有管理者都值得借鉴和学习的。但这绝不意味着，重视人才就要以情感代替原则，以理解来抵制制度，此举只能在下属犯错的道路上起到推波助澜的作用。

我们应该认识到，姑息养奸非但不能让下属受到感化，服服帖帖地接受管理，反而会让自己威信尽失、颜面扫地！

杀鸡儆猴，整肃团队

一点故事

孙武去见吴王阖闾，与他谈论带兵打仗之事，说得头头是道。吴王心想："纸上谈兵管什么用，让我来考考他。"便出了个难题，让孙武替他训练姬妃宫女。孙武挑选了一百个宫女，让吴王的两个宠姬担任队长。

孙武将列队操练的要领讲得清清楚楚，但正式喊口令时，这些女人笑作一堆，乱作一团，谁也不听他的。孙武再次讲解了要领，并要两个队长以身作则。但他一喊口令，宫女们还是满不在乎，两个当队长的宠姬更是笑弯了腰。孙武严厉地说道："这里是演武场，不是王宫；你们现在是军人，不是宫女；我的口令就是军令，不是玩笑。你们不按口令训练，两个队长带头不听指挥，这就是公然违反军法，理当斩首"说完，便叫武士将两个宠姬杀了。

场上顿时一片肃静，宫女们吓得谁也不敢再出声。当孙武再喊口令时，她们步调整齐，动作规范，真正成了训练有素的军人。

管理思考

在实际工作中，我们也时常会遇到这样的情况：纪律涣散，人心浮躁，甚至还有派系纷争，乌烟瘴气。我们要对这样的部门进行治理，就必须有果敢的精神，对为首者加以严惩，而且事不宜迟，越快越好。倘若在这种情况下还顾念人际关系的影响，避免面对人事冲突，任由局势继续恶化，最后还是难辞其咎，根本就不可能两全其美。假如我们在这种情况下姑息养奸，只能说明我们缺乏魄力，是一位不称职的管理者。所以，为了整顿团队内部涣散的士气，有时不妨刻意制造一点紧张的气氛，大胆运用"抓典型"策略。这是一个非常有用的震慑手段。

民间有这样一种说法，猴子是最怕见血的，驯猴人要首先当面把鸡杀给它看，叫它看看血的厉害，才可以逐步进行教化。我们要贯彻自己的意图，发挥下属的整体力量，就需要有统一的行动、统一的意志。而统一的行动、统一的意志需要靠严明的法纪去实现，靠威严的治理手段去巩固。倘若指挥不灵，兵不服将，将不从帅，整个组织系统就成了一盘散沙，管理机器就很难保持正常运转，实现管理目标也就成了一句空话。所以，必要时，我们不妨就来个杀鸡儆猴，以警告其他下属，使他们遵纪守法，服从指挥。

此即"牺牲个别人，拯救整体"的抓典型的做法。如果责备整个团队，将会使大家产生每个人都有错误之感而分散责任。同样地，大家也有可能认为每个人都没有错。所以，只惩戒严重过失者，可使其他人员约束自己尽量不犯错误。

古人云："劝一伯夷，而千万人立清风矣。"同样的道理，对众多不听话的下属，你不可能全部惩罚，抓住一个典型，可使千万人为之警觉畏惧，这就是"惩一儆百"之所以有效的道理所在。

当然，即使是抓典型这样的事情，也是有其原则可循的，我们来看一下。

一、可严打出头者，如果说办公室里已经暴露出了无序的苗头，我

102

们就应该注意观察，抓住第一个以身试法者，并从速从严予以处置。这样做有两个好处，第一，第一位只有一个人，容易处置；第二，第一位胆量大，影响坏，若不及时处理，便会有效仿者紧随其后。处理第一位能够起到杀一儆百的作用。

二、可敲击情节严重者，如果同时碰到好几位违纪违规者，应当缩小打击面，重点惩处情节严重、性质恶劣、影响最坏者。其他的给予适当的批评教育就行。如果不加选择，一律照打，第一，由于打击面过宽，达不到"警"的目的；第二，会影响工作；第三，树敌太多，影响你的威信。只有有选择地重点打击，才能切实收到效果。

三、可惩处资深人员或中层干部，如果能够抓住一个资深人员或肩负重任的中层干部进行惩处，效果会更好，更能对普通职员起到警告作用。有实绩的人或部门主管都被惩处、指责，其他职员能不感到紧张而加倍努力工作吗？

四、惩处要使对方心服口服，既然是惩罚，肯定都是无情的。作为管理者，我们在使用这一手段时，也要考虑到对方的情绪。应当注意：第一，惩处方式不能过于偏激，要留有余地，能被对方接受；第二，惩处要有理有据，根据纪律规定、制度来执行，使被惩处者心服口服，无话可说。

五、惩处要恩威并用，"抓典型"只是管理上的一种手段，但不是唯一的手段，它不是以打击报复为目的的。所以，还须辅之以"恩"的手段，软硬兼施。这样，能使被惩处者在被"杀"的同时，又感受到了一些关爱。对管理者而言，铁腕政策得到了实施，又笼络了人心，还树立起了一个可畏可敬的形象。

六、要注意频率和次数，此法不能用得太多、太频繁。否则，会引起下属们对你的不满，甚至认为你只会处罚人、挑别人毛病，缺乏管理能力，从而从内心里看不起你，影响我们的形象和权威。

不过要提醒大家，我们要"杀"的这个角色绝非每个人皆能胜任，必须选出一位个性适合的人。他的个性要开朗乐观、不钻牛角尖，并且不会因为一点琐事而意志动摇，如此方能用于此项"任务"。我们应避免选用容易陷于悲观情绪，或者太过于神经质的人。若错误地选择了此种类型的下属，日后将带给你更多的困扰。

06

南风法则:柔情管理
——多点人情味，少些压制力

温暖胜于严寒。运用到管理实践中，南风法则要求
管理者要尊重和关心下属，时刻以下属为本，多点
"人情味"，多注意解决下属日常生活中的实际困难，
使下属真正感受到管理者给予的温暖。这样，下属
就会更加努力积极地为企业工作，维护企业利益。

温暖胜于严寒

一点故事

风和南风比威力，看谁能让行人把身上的大衣脱掉。北风首先来了个寒风刺骨，结果行人把大衣裹得紧紧的。南风则徐徐吹动，顿时风和日丽，行人春意上身，纷纷解开纽扣，继而脱掉大衣，于是南风获得了胜利。

管理思考

这个就是有关于"南风法则"的寓言故事，它告诉我们，管理应该以人为本，要给予"人"足够的温暖，尊重和关心下属，才能使下属丢下包袱，自动自发地为企业做事。即温暖胜于严寒。

其实在法国企业界早就流传着这样一句话："爱你的员工吧，他会百倍地爱你的企业。"这句名言是任何一个企业的管理者都应听取的箴言。企业最根本的要素是什么？是"人"。情绪、情感是人精神生活的核心成分，是人类所特有的，因此企业应当重视对员工的情感管理。"无情未必真豪杰"，"大人常怀赤子心"。优秀的管理者首先是一个具有普通人类感情的人，同时又是一位善于把握人类情感的大师，情感与思想紧密相连。

情感管理就是说管理者要以情感为手段，最大限度的影响追随者的思想、感情乃至行为，激发出情感内部的巨大能量。为此，如果管理者仅仅依靠一些物质手段激励员工，而不着眼于员工的感情生活，那是远远不够的。管理在工作中应当体现出对于下属的尊重和关心，以下属为本，多点人情味，使下属真正感觉到管理者给予的温暖，从而去掉包袱，激发工作的积极性。比如关心照顾退休员工会使在岗员工安心工作，关心有困难的员工会使他们对企业更加忠诚，这也是做好员工思想工作的前提。只有上下同心，关心员工，才能形成团结向上、共同进步的气氛。从某种意义上来说，一个企业就是一个大家庭，而管理者就是这个大家庭的"家长"。

如何让下属全心全意地为自己做事的确是一门艺术。衣服就如同每个人的装甲，对外界保持着一种警诫。而如何脱掉这层装甲，困扰着许多的管理者。如北风一般的严酷，只会让员工更加警戒；而如太阳般的温暖，则会让他们丢掉所有的装甲，一心为你做事。

事情就是这样，你没法不相信，也没法不面对。管理者只有敞开胸怀，心平气和地以理服人，才能群策群力，集思广益，使自己所在单位的事业和自己的工作顺利发展。而且一团和气盈于心中，心中无一丝怨仇、嗔怒，脸上笑口常开，你会感到前途一片光明，什么事情处理起来都会得心应手，迎刃而解。"大人不记小人过"，说起来容易，做起来难。为了消除上下级之间的对立情绪，管理者有时需要委屈一下自己，设身处地了解对方的心理和想法，以"君子之心"度"小人之腹"。这对有缺点的员工来说，是最大的信任。只要你始终坚持这一原则，你必将赢得别人的尊敬。

举个例子说明一下。

日本某矿业公司的一位董事长年轻时，因为自己工作急于求成，遇事常急躁冲动，把事情办得很糟，结果被贬到基层矿山去担任一个矿的矿长。到职时，在欢迎酒会上，由于他一不善喝酒，二不善辞令，以致被老职员们认为是一个不讲人情的上司，年轻的职员和矿工们对他更是敬而远之。他在矿里一度很被动，工作开展不起来。这样闷闷过了大半年后，在新年前夕举办同乐会，大家要即兴表演节目。他这时在同乐会上唱了几句家乡戏，赢得了热烈的掌声。连他自己也没想到，那些一向对他敬而远之的部下们会因此而对他表示如此的亲近和友好。此后，他还在矿上成立了一个业余家乡戏团。从此，他的部下非常愿意和他亲近，有事都喜欢跟他谈。他也更加与部下贴心了，由过去令人望而生畏的人变成了可亲可敬的人。在矿上无论一件多难办的事，只要经他出面，困难就会迎刃而解，事情定能办成。由此这个矿的生产突飞猛进。因为他工作有能力，而且如此得人心，后来他荣升为这个公司的董事长。

他升为董事长后，有一次在工厂开现场会，全公司都出席了。会上大家都为本年度的好成绩而高兴，于是公司总裁的秘书小姐提议大家在高度欢乐中散会。她想出一个办法，把一个分公司的副经理抛到喷泉的池子中去，以此使大家的欢乐达到高潮。总裁同意这位小姐的提议，就和这位董事长打招呼。董事长表示这样做不妥，决定由他自己——公司最高管理者，在水池中来一个旱鸭子游水。

董事长转向大家说："我宣布大会最后一个项目就是秘书小姐的建议，她叫我在泉水池中来一个旱鸭子戏水，我同意了。请各位先生注意了，我开始表演了。"于是他跳入池中，游起泳来，引得参加会议的几百人哄堂大笑……

事后总裁问他："那天你为什么亲自跳下水池，而不叫副经理下去呢？"

董事长回答说："一般说来，让那些职位低的人出洋相，以博得众人的取笑，而职位高的人却高高在上，端着一副架子，使人敬畏，那是最不得人心的了。"董事长的这些话唤醒了总裁，使他和董事长一样平时注意贴近部下，学到了办好企业的招数。

作为管理者，在下属面前，如果你认定了"我"是经理，"你"是工人，应当各尽其职，这样，下级就不可避免地要对这样的上司采取疏远态度，也要和他所代表的公司疏远。这样上级也就很难使下级尽力工作了。

管理，尤其是对人的管理，过多地强调了"约束"和"压制"，事实上这样的管理往往适得其反。聪明的管理者应该懂得了解员工的需要，然后满足他，从而让管理亲和于人，让管理者与员工的心理距离拉近，让管理者与员工彼此间在无拘无束的交流中互相激发灵感、热情与信任。

1. 求同存异，缩短差距

平级之间、上下级之间或多或少都会存在"共同意识"，作为管理者，为了有效地说服同事或下属，应该敏锐地把握这种共同意识，以便求同存异，缩短与被劝说对象之间的心理差距，进而达到说服的目的。管理者要说服别人，就要设法缩短和别人之间的心理距离。而共同意识则能使激烈反对管理的人不再和管理者意见相反了，而且会平心静气地听从管理者的劝说。这样，管理者就有了解释自己的观点，进而攻入别人之心的机会。

2. 推心置腹，动之以情

古人云，感人心者，莫先乎情。管理者的说服工作，在很大程度上可以说是情感的征服。只有善于运用情感技巧，动之以情，以情感人，才能打动人心。感情是沟通的桥梁，要想说服别人，必须跨越这一座桥，才能到达对方的心里。管理者在劝说别人时，应推心置腹，动之以情，讲明利害关系，使对方感到管理者的劝告并不抱有任何个人目的，没有丝毫不良企图，而是真心实意地帮助被劝导者，为他的切身利益着想。白居易曾写过这样两句诗："功成理定何神速，速在推心置人腹。"今虽非古，情同此理。

美国著名企业家埃丝黛·劳德说过："员工是我最重要的财富。"美国惠普公司创立人惠利特说："惠普公司的传统是设身处地为员工着想，尊重员工，并且肯定员工的个人成就。"该公司也是这么做的，在20世纪70年代经济萧条时期，他们坚持不裁员，上下一心渡过了难关。

对于管理者来说，对员工的关爱也是一种感情投资。就算是你的一句祝福话语、一声亲切的问候、一次有力的握手都将使员工终生难忘，甘愿为你抛头颅、洒热血。

在人情上下点功夫

　　一位德高望重的长老在寺院的高墙边发现一把座椅，他知道有人借此越墙到寺外。长老搬走了椅子，凭感觉在这儿等候。午夜，外出的小和尚爬上墙，再跳到"椅子"上。他觉得"椅子"不似先前硬，软软的，甚至有点弹性。落地后小和尚定睛一看，才知道椅子已经变成了长老。原来他跳在了长老的身上，后者是用脊梁来承接他的。小和尚仓皇离去。这以后一段日子，他诚惶诚恐地等候着长老的发落。但长老并没有这样做，压根儿没提及这"天知地知你知我知"的事。小和尚从长老的宽容中获得启示，他收住了心，再没有去翻墙，通过刻苦修炼，成了寺院里的佼佼者。若干年后，他成为这儿的长老。

管理思考

　　所谓管理，说白了就是理顺人与人的对应关系，使管理者与被管理者之间达成和谐的统一。在这个过程中，你可以利用权力将对方"管"得规规矩矩、"理"得笔笔直直，但倘若你不懂得宽容，不会运用人情管理，就可能将员工的可塑性和创造力给压制乃至毁去。打个比方，在日趋复杂的社会里，一个高级工程师未必能成为一个优秀的管理者。道理很简单，工程师面对的课题是一种专业的功夫，而企业领导则需要一

111

种较为综合、全面的素质。领导的职责就是要让企业这部机器最好地运转起来，要让"人"产生最大的效果。譬如说，我们应该为员工创造安全、和谐、愉悦、适合发展的工作环境，这也是管理者促发下属工作积极性的手段之一。

在这方面，德国汉高公司的做法就很值得我们借鉴。

众所周知，德国汉高公司是应用化学领域中的一面旗帜，它位列世界 500 强企业之一，在全球共设 330 余所分支机构，其分布范围覆盖全球 60 多个国家和地区。

"汉高"十分重视人性化管理，为提高员工的工作环境质量，公司专门为员工提供经过空调的清新空气，还有淋浴室，并且每天中午还为全体员工供应一顿丰富的午餐；为了让员工有安全感，建立了一大批高度保证安全的标准设施，由专门部门负责，如医务部、工厂警卫等。公司还经常检查各种安全设施，日夜测量环境污染、水质问题、噪声等，每年免费为员工检查一次身体，所有的这些措施都为公司的稳定发展起到了侧面推动作用。

毫无疑问，我们都希望自己的团队能够像汉高那样优秀，但也并不是每一名管理者都能把情感管理做好。情感管理是指立足于个人心理效用而实施的一种精神管理，所以用情管理必须立足于员工的人性、人情方面。以情管理是管理者理性的表现，其中的玄机、奥妙，若即若离的感觉，不知不觉地失败或成功，并不是在很短的时间里就能揣摩透、运用好的。

针对于此，本书为大家提供了以下几点建议。

1. 培养人性价值观

耐心、和蔼是领导对待下属应有的态度。企业最高领导者要不断地培养和强化这种管理价值观。人是感情动物，地位再低的员工也渴望被尊重。即便你是再高的领导，若整天摆出一副居高临下的姿态，苛刻地对待比自己低的人，就会让他们失去为你工作的动力。上司的耐心、宽厚，会赢得下属的尊敬和忠心。"己所不欲，勿施于人"，这是管理上的金科玉律。当然，这并不等于领导随意迁就员工的过错。

2. 化挑剔为引导

作为领导，有时要充当师傅的角色，负有帮助员工进步的责任，指出他们工作中的错误，告诉他们如何改进。有些企业崇尚官僚主义，官大一级压死人，高一级领导往往对低一级领导过分挑剔、打压，只为显示自己的权威和地位。

这种领导作风只会有碍企业发展。你在自己领域的知识和经验可能会比许多下属丰富，所以，你的工作就是要教导好手下人并使之优秀起来，而不是整天去挑剔或显示他们如何的比不上你。成功的领导能鼓励下属，而不是批评他们。

有些领导认为员工犯了错误，就无异于在自己的记录本上抹黑。因此，大多数员工犯了错误之后都会有准备受罚的心态。但优秀的企业领导认为，让员工学习和成长的最佳途径就是体验，这就意味着冒险和犯错误。倘若领导动辄就训人，试问谁敢去"体验"？

下属不去"体验"就难以提高自身的技术水平，就难以实现高效率的目标。可以让你的下属在没有任何监督的情况下尝试应用新技术或承担新任务，当然，是些小的或不太重要的项目。这样，即使有了点错误也不会使企业受损，又可以立即改正员工的错误之处。总之，领导不仅要有允许下属失败的豁达心态，还要善于发掘员工自己还未认识到的潜在能量。

3.尽力改善工作条件

设备好坏对员工工作效率的影响很关键。当设备操作起来顺畅、合适，员工在愉快、舒适的环境中工作，效率当然会高。一般领导没有权力给员工涨工资，或额外发奖金，那么为员工提供必要、适当的设备，使工作有效进行，却是完全可以做到的。

4.重视与员工的情感沟通

当员工对工作发出抱怨、牢骚时，管理者应认真听他们诉说。员工的抱怨除一部分是为了个人利益，大多数情况下，他们是为了把工作尽可能干到最好。许多事实告诉我们，提供适当的设备或工作空间，产量将得到大幅度的增长，而且通常只用花一小笔投资。这种事即使你不能拍板，但作为领导也有不可推卸的报告和建议的责任，并要努力直至解决问题。

被人重视的愿望来自我们内心深处。任何人都渴望引起别人的注意，不管他承认与否，他需要向人倾诉，他需要有人倾听，他有着热切被重视、受赏识的期望。

在传统的管理中，总是先讲究人情，把自己的亲信放在最显赫的地位。这样的管理可以说只有情而没有理。现代的企业要想求得发展，必须创造出公平合理的竞争环境，因此绝对不能再把传统的"人情"放在第一位。然而，任何事情都要一分为二地看待。人毕竟是有感情的动物，完全不讲究人情是不行的，这也是现代管理者所追求的以情管理的真谛。

人情只有运用得恰到好处，才能发挥其效用。情感管理用在工作努力、有贡献的员工身上，是一种爱护和精神激励，会产生出巨大的精神动力。经验证明，用微笑去鼓励远比严厉说教对员工的影响更大。在这种情况下，企业领导运用"人情"可以说是感情投资，可以换取更大的精神动力，从而创造出更多的财富。

如果"人情"用在不用功、不努力、作风散漫的员工身上，不仅是种浪费，甚至还会带来更严重的后果，使他更加没有责任感，更容易偷懒。对于这样的员工，你只有不客气地提出警告，施加压力或者干脆淘汰，才不会失策。这样做，并不是让你做一个冷酷无情的领导，只不过是用市场的标准来要求员工。

要允许下属有缺点

▓一点故事

在日本的一家动物园，有位饲养员特别爱干净，对动物也特别有爱心，每天都把小动物住的小屋打扫得干干净净。结果呢，那些小动物一点儿也不领他的情，在干净舒适的环境里，动物们开动慢慢萎靡不振了，有的厌食消瘦，有的生病拒食，有的甚至死了。

原因是什么？

后来，通过观察才发现，那些动物都有自己的生活习性，有的喜欢闻混浊的骚气，有的看到自己的粪便反而感到安全，等等。

管理思考

　　此故事说明这样一个道理：有效管理必须容纳个体差异，并在此基础上灵活应对、多元管理。如果说我们都像故事中的饲养员那样，无视个体差异，以心中的完美标准去衡量每一名下属，那么最终你一定会因为抹杀了个体个性而导致组织的解体或僵死。

　　咱们中国有句古话："水至清则无鱼，人至察则无徒。"鱼缸中的水虽然清澈见底，但鱼儿在这里长不大也活不长。江河湖泊的水虽然混浊，但却是鱼儿的天堂。从管理学的原理上看，团队的方方面面留有余地，互存不良，反而顺理成章，和谐有序。所以说，管理者在看待员工时应该记得：人无完人，对人就不可以苛求，否则将"世无可用之人"。

　　求全责备是用人的大忌。求全责备，是指对人要求过严，希图"完美"，容不得别人半点缺陷，见人一"短"，就不及其余，横加指责，不予任用。

　　求全责备的用人态度，它压抑着人的工作积极性，阻碍人的成长，阻碍人的智慧的充分发挥；它使人谨小慎微，不思进取，阻碍人的创造性思维与创造性想象力的发挥；它使工作人员缺乏活力，"死水一潭"，缺乏竞争能力和应变能力；它造成人才，尤其是优秀人才的极大浪费，因为任何人总是有短处，甚至是有错误的，必然会受到求全者的种种非难，因而使许多人难以得到起用。

　　纵观历史，凡用人求全责备的皆不得成事，而用人"贵适用，勿苛求"的皆有奇勋。三国时，诸葛亮足智多谋，但唯独在用人方面存在有"端严精密"的偏见，他用人"至察"、求全责备。正如后人评价他时所说:"明察则有短而必见,端方则有瑕而不容。"

唐代柳宗元曾讲过这样一个故事:一个木匠出身的人连自己的床坏了都不会修而求助于他人,足见他锛凿锯刨的技能是何等的差。可他却自称能够造房,柳宗元对此将信将疑。后来,柳宗元在一个大的造屋工地上又看到了这位木匠。只见他发号施令,操持若定,众多工匠在他的指挥下各自奋力做事,有条不紊,秩序井然。柳宗元大为惊叹。对这位木匠应当怎么看?如果看先前就说他不是一位好的木匠,而把他贬得一文不值,那无疑是埋没了一位出色的工程组织者。从这个故事中也可以悟出这样一个道理:若先看一个人的长处,就能使其充分施展才能,实现他的价值;若先看一个人的短处,长处和优势就容易被掩盖和忽视。

南宋戴复古在《寄兴》诗中写道:"黄金无足色,白璧有微瑕,求人不求备。"金无足赤,人无完人,任何人才都不可能十全十美。这种观点,中国古代不少文人学士曾用多种比喻加以表达。如《吕氏春秋·举难》中指出:"尺之木必有节目;寸之玉必有瑕疵。"屈原在《卜居》中写道:"尺有所短,寸有所长;物有所不足,智有所不明。"明代宋濂在《潜溪邃言》中也认为:"功有所不全,力有所不任,才有所不足。"

一个人的功绩必有不全面的地方,能力必有不能胜任的地方,才能必有不足够的地方。既然人无完人,那么顺理成章的结论,对人才不要求全责备。

不管任何人,如果他所使用的都是没有弱点的人,那么他所领导的机构最多也只是一个平凡的机构。所谓完美无缺的人,实际上只不过是二等角色。才干越高的人,其缺点也越显著。在这个世界上没有人会在各方面都是突出的。用整个人类的知识、经验和才能来衡量,即使是最伟大的天才也是完全不合格的。世界上没有"完人"这种人，只是有些人在某一方面显得比别人"能干"一些罢了。

管理者对人才的求全责备，不仅不能知人，而且会陷害人才。历史上不少贤才之所以蒙冤，都是由于领导者喜欢追究小过，如司马迁只不过为李陵说几句公道话，却被汉武帝处以腐刑，使他遗恨终生。苏轼因对朝政有意见而写几首讽喻诗，却蒙"乌台诗案"之冤，下半生都被贬逐，过着颠沛流离的生活。而在历史上，因皇上苛求人小过，别有用心的和溜须拍马之徒就趁机投井下石，极尽其吹毛求疵之能事加以诬陷，导致许多贤才蒙受不白之冤的事就更多了。

有成效的管理者从来都不问这样的问题："他和我相处得怎样？"而时常会这样考虑："他作出了什么贡献？"他们也从来不这样问："他不能做些什么？"而又常会这样考虑："他在哪方面做得出奇的好？"他们用人的原则只是寻求有某一方面特长的人，而不是在各方面都很在行或大致上过得去的人。

知人用人，使他能在工作中发挥才能，这是理所当然的。因为所谓"完人"或者"成熟的个性"，其含义实际上都只不过是忽视了人的最特殊的天赋——尽其所能于某一项活动、某一个领域、某一种工作中的能力。我们不能要求一位物理学家（即使他有爱因斯坦那样的天才）在遗传学、心理学或医学等方面，有同样杰出的成就。人的长处只能在某一个方面有所成就，顶多是在极少的几个方面达到"卓越"的境地。

如果你总是想方设法去对付手下人的弱点，结果必然使工作的目标成为泡影。公司、组织、部门是一种特殊的工具，可以用以发挥人的长处，并消除和减弱因人的弱点所造成的不利影响。能力特别强的人是不需要也不想受一系列规章制度约束的，因为他们认为靠自我管理会工作得更好。

至于我们中的大多数人光靠自己是搭不成一个让自己才能充分发挥出来的平台，单打独斗也是不可能获得多大的成就的。"你想雇佣一个人的手，而他总是整个人一起来的。"一个人不可能只有长处而没有弱点，弱点总是会随着人的长处一起来到领导者的身边。

给下属改过的机会

▨▨一点故事

某集团的一位经理在主持项目时，因一时疏忽，令集团蒙受了巨大的损失。该集团老总在企业高层会议上狠批了这位经理。但在怎样处罚上，老总与众人的看法似乎有些不同。集团老总回顾了集团几年的风风雨雨，又记起这位经理的功绩，既痛恨又惋惜。在沉默许久之后，老总说："你去我们另一个企业当经理吧，记住，同样的错误不要再犯！"满座皆惊。那位经理更是愣在当场，几乎不敢相信自己的耳朵。老总有把握这么做，一则那位经理是位不可多得的人才，能力出众；二则过去这么多年艰辛岁月中，此人忠心耿耿，立下汗马功劳，从未出现过此类事情；三则那位经理犯错的背后还有一些客观原因。所以，他相信他不会再犯同样的错误。

事实证明，此人到新企业后果真兢兢业业，廉洁奉公，赢得了上下一致好评。

管理思考

人非圣贤，员工犯错在所难免。然而有些管理者待人苛刻，对待犯了错误的下属，不是将其调走，就是降职使用，或是不再给予重要性的任务。这类管理者喜欢"痛打落水狗"，下属越是认错，他咆哮得越是厉害。他心里是这样想的："我说的话，你不放在心上，出了事你倒来认错，不行，我不能放过你。"

这样做会是什么结果呢？一种可能是被骂之人垂头丧气；另一种可能则是被骂之人忍无可忍，勃然大怒，重新"翻案"，大闹一场而去。这时候，挨骂下属的心情基本上都是一样的，就是认为，我已经认了错，你还抓住我不放，实在太过分了。其实，下属犯了错误，最痛苦的是其自身，应该给其改正错误的机会。

放手让优秀人才去执行重要的任务，即使他们能力突出，也难免出现闪失。因此，领导者应当以一颗平常心去对待下属有可能出现的过错。对于下属的过错，领导者应当具体情况具体分析，对下属多加理解和原谅。因此，就算下属是因个人原因而犯错，领导者也要采取一种宽容的态度，毕竟不能因为一次过错就否定整个人。

实践表明，有过错的人往往比有功劳的人更容易接受困难的工作。

使用有过错的人实际上就是对他的一种强大的激励，可以使其一跃而起，创造出令人"刮目"的成绩。

同时，对于有过错的人才而言，他们最需要的就是获得重新证明其价值和展示其才华的机会，尤其是当他们因过错而受到同事的歧视冷落后，这种愿望就更为迫切。因此，领导者一旦提供这样的机会，他们就会迸发出超乎寻常的热情和干劲，付出几倍甚至几十倍的努力去完成常人难以完成的任务。

要懂一点糊涂哲学

◤一点故事

一次，松下幸之助跟几位客人在一家餐厅用餐，一行6个人都点了牛排。等大家都吃完后，松下让助理去将烹调牛排的主厨请过来，他还特别强调："不要找经理，找主厨。"助理注意到，总裁面前的盘子里剩下了半块牛排，心想待会儿的场面可能会很尴尬。

主厨跟着助理出来了，他知道请自己的客人来头很大，神色很紧张。"牛排有什么问题吗？"主厨紧张地问松下。"不是，你烹调牛排的手艺非常好，"松下随和地说，"但是我只能吃下一半。不是因为你做得不好，牛排真的很好吃，我也很喜欢吃。我没吃完，是因为我已经80岁了，实在没有那么大胃口。"

主厨与其他几位客人面面相觑，过了好一会儿大家才明白是怎么一回事。"我之所以叫你出来当面和你谈，是因为我担心，你看到吃了一半的牛排就倒掉，心里会难过。"

如果你是那位主厨，听到松下先生的如此贴心的解释，会有什么感受，是不是觉得备受尊重？一旁的客人听见松下如此真诚、细心地解释，更佩服松下的人格并更喜欢与他做生意。

又有一次，松下对一位部门经理说："我个人要做很多决定，并要批准他人的很多决定。实际上只有40%的决策是我真正认同的，余下的60%是我有所保留的，或我觉得过得去的。"

经理觉得很惊讶，假使松下不同意的事，大可一口否决就行了。"你不可以对任何事都说不，对于那些你认为算是过得去的计划，你大可在实行过程中指导他们，使他们重新回到你所预期的轨迹。我想一个领导人有时应该接受他不喜欢的事，因为任何人都不喜欢被否定。"

管理思考

一个成熟的管理者理应像松下先生这样，能够尽量从员工的立场考虑问题，对自己不喜欢的现象或事物并不急于否定或批判。他会用委婉的表达和模糊的思维去赢得更多人的尊重和支持。由此可见，在坚持原则的同时，运用模糊逻辑，以"难得糊涂"的思维方法去灵活处理复杂的问题，这是我们每一位领导者应学会的管理艺术。

在现代管理中，我们往往会遇到很多棘手的问题，处理不好，便会弄得鸡飞狗跳，得不偿失。对于这些问题，我们不能太过较真，利用模糊思维趋利避害，显然是一种不错的方法。

模糊，泛指反映事物属性的概念的外延不清晰，事物之间关系不明朗、难以用传统的数学方法量化考察。模糊思维是人脑的一种思维方式，被誉为"电子计算机之父"的冯·诺依曼曾指出，人脑是一台"计算机"，它的精确度极低，只相当于十进制的 2~3 倍。然而它的工作效率和可靠程度却很高，现在，我们还不能制造出一台人脑这样的电子计算机。管理活动中的大量问题都属于复杂问题，具有模糊性质。现代管理活动系统涉及因素众多，这些因素之间的联系多向交错，性质多样，使得事物与事物之间的关系不明朗、不清晰，这些联系和关系又处在瞬息万变之中，人们对这些联系和关系及其变化的判断又受着人的感觉、感情、非理性因素的影响，因而使我们所要处理的许多问题都具有模糊性质。

为了使领导活动中许多模糊概念明朗化、模糊关系清晰化，使我们在处理具有模糊性质问题过程中处于主动地位，大家应当了解掌握模糊思维艺术，以增强解决各种棘手问题的能力，正确地处理日常碰到的复杂问题。其实这也并不难，只要大家记住：模糊思维方法最根本的特征是：在模糊条件下取大取小原则，即利取最大，害取最小。这是模糊思维方法的灵魂。

具体说来，我们可以遵循以下几个原则去做。

1. 处理模糊性问题宜粗不宜细

对于已经明确作出的重大决策、规章制度等，我们须认真调查研究，细细斟酌，再进行决断处理。但对于一些比较模糊的问题，我们处理时却宜粗不宜细。诸如涉及内部的具体问题，常见的管理团队不团结问题，下属间的隔阂、积怨问题，员工中存在的各种情绪问题等，采取"宜粗不宜细"的模糊方式去处理，其效果往往胜于精细深究一筹。

2. 处理模糊性问题时尽量多容忍与原谅

面对重大原则问题，我们就必须亮明态度了，要旗帜鲜明地严肃对待。但对于像内部团队管理、上下级关系处理、员工协调等模糊性问题，则要多以容忍、原谅的态度去处理，这样才能达到理想的效果。其实，任何事情都应该从正反两方面去看，而并非简单的对或错就能评定的。既然如此，我们就应当容忍他人的缺点，原谅他人的过失，一如著名心理学家斯宾诺莎说："心不是靠武力征服，而是靠爱和宽容大度征服。"

3. 处理模糊问题时多采用拖延与沉默策略

我们处理重大、紧急情况，明朗的问题，无疑应采取果断、坚决，态度鲜明。但在面对某些模糊问题时，则应当采用拖延与沉默的策略。比如对可做可不做的事、可开可不开的会、可发可不发的文件等，有意拖延一下，并不会影响大局。当然，这个过程中需要把握好度。对可管可不管的事、对可说可不说的话保持沉默，效果反倒更好。古希腊作家普卢塔克说："适时的沉默，是极大的明智，它胜于任何言辞。"

总而言之，在管理工作中，我们处理具有模糊性的工作或问题时，应把原则性和灵活性结合起来。原则性是质的体现，它是确定的，但是在一定条件下，它又是模糊的，须通过灵活性为其镶上一圈"模糊的灵光"。灵活性是量的体现，它是不确定的，须在原则性形成的质的磁场中为其排定"是"与"非"的方向。

07

横山法则:巧妙激励

——自发才是最有效的，激励员工自发地工作

在管理的过程中，我们常常过多地强调了"约束"和"压制"，事实上这样的管理往往适得其反。如果人的积极性未能充分调动起来，规矩越多，管理成本越高。聪明的企业家懂得在"尊重"和"激励"上下功夫，了解员工的需要，然后满足他。只有这样，才能激起员工对企业和自己工作的认同，激发起他们的自发控制，从而变消极为积极。

赞美应以产生效果为准则

1921 年，当查尔斯·史考伯成为美国钢铁公司的第一任总裁时，他就得到了 100 万美元的年薪。钢铁大王卡内基为什么肯给他如此高薪？史考伯说，他得到这么多的薪水，主要是因为他跟人相处的本领。"我认为，我那能把下属鼓舞起来的能力，是我拥有的最大资产，而使一个人发挥最大能力的方法，就是赞赏和鼓励！"他说，"再没有比上司的批评更能抹杀一个人的雄心了。我从来不批评任何人。我赞成鼓励别人工作，因此我急于称赞，讨厌挑错。如果我喜欢什么的话，就是我诚于嘉许，宽于称道。"

管理思考

管理者应当找出下属的优点，给他们诚实而真挚的赞美。他们必定会咀嚼你的话语，把它们视为珍宝，一辈子都在重述它们。即使你忘了他们之后，也许他们还在重复着。所以请记住这条原则：热情、真心地赞美下属、欣赏下属是管好下属的妙招。

年利润 10 亿美元的美国玫琳·凯化妆品公司经理玫琳·凯说过："有两件东西比金钱更为人们所需要——认可和赞美。"金钱可能是调动下属积极性的有力工具，但赞美可能更有力，因为它唤起了下属的荣誉感、责任感和自尊心，下属的价值得到了认可和重视，会产生"士为知己者死"的神圣感情，他们会更加努力地工作，然而它的"成本"却十分"低廉"，所以说赞美不但是一种最好的，而且是花费最少、收益最大的管人方法。

实际上，每个人都渴望得到别人的认可和赞美，无论是身居高位的人，还是地位卑微的人，无论是刚进公司的年轻人，还是即将退休的老员工，概莫能外。人们普遍地容易接受那些赞美他们优点的人。

适当的称赞不但令下属获得"尊重的需要"，而且能够提高下属的工作意愿。但是，什么样的称赞不适当，什么样的称赞才算是适当？换句话说，什么样的称赞才能形成激励的效果呢？

首先我们来看那些激励效果不好的称赞，看看这些称赞都有什么漏洞。

1. 空泛而不着边际的称赞。例如："老张，你的工作表现好极了！"这类抽象式的称赞因为没有什么实质意义，所以很难产生激励的效果。

2. 不附加理由之称赞。上一实例中管理者只称赞下属工作表现极好，而不进一步说明它之所以值得称赞的原因，这一类称赞可能令下属觉得管理者言不由衷。

3. 对人而不对事的称赞。例如："你真是一位天才演说家。"这种对人的本身所加以的称赞，往往因其夸张，而容易让被称赞者感到恶心或肉麻。

4. 针对期望中的工作表现或工作绩效而加以的称赞。倘若管理者只对期望中的工作表现或工作绩效加以称赞，则可能令下属误以为管理者所真正要求的工作水平，较期望中的工作水平为低。

5. "三明治"式的称赞，即"称赞—批评—称赞"，通常不会产生良好的激励效果。为了让下属较容易接受批评，许多管理者在批评之前往往先对下属施以称赞。而且为了避免因批评而产生不良情绪，他们在批评之后又对下属施以称赞。这种方式的称赞，可能令下属怀疑管理者称赞的居心不良。

6. 当下属觉得称赞只不过是为促使他们加倍努力的一种手段时，这种称赞将大大地丧失激励作用，因为在下属心目中，这种称赞只不过是一种"软性的鞭策"，而非真心的表扬。

7. 只有当自己的上司在场时，才对下属加以称赞。这种称赞很容易被下属视为别有用意。

8. 值得称赞事迹的发生时间与称赞时间，期间的差距越大，则称赞的激励效果越小。

下面我们来看看激励效果较好的称赞。

1. 具体的与特定的称赞。例如："老张，今天上午你对前来投诉的顾客，处理方式实在极为得体。"这类具体兼特定式的称赞，使被称赞者极易接受。

2. 附加理由之称赞。上一实例中管理者若能继续以"我之所以认为你的处理方式极为得体，是因为你极具耐性地接纳投诉、委婉地解释补救措施，以及征询顾客的意见"之类的话语作为称赞的理由，则下属将因此而体会到管理者的诚意。

3. 对事而不对人的称赞。例如："你今天所选择的演说题目，正是听众所感兴趣的。"或是："你在今天的演说中，对维护工业安全的主张颇为中肯。"这种对事所加的称赞较具客观性，因此也较易令被称赞者欣然接纳。

4. 只针对杰出的工作表现或绩效才施以称赞。这种杰出的工作表现或工作绩效，显然要较期望中的工作表现或工作绩效优越，因此针对杰出的表现或绩效施以称赞，将令被称赞者获得更大的成就感。

5. 不夹杂批评的称赞较为可信，且较具激励效果。

6. 纯粹因为值得称赞而施以的称赞，被称赞者最乐于接受，因为这种称赞是不附带条件的。

7. 在值得称赞的时间即施以称赞，而不处心积虑地选择场合，这样的称赞较得人心。

8. 实时称赞的效果较佳，这与"趁热打铁"的道理是一样的。

通过以上的对比，管理者应该了解了不同称赞所带来的不同激励效果。在日常的管理中，称赞不能随意，一定要以产生效果为目的，切实让员工感受到来自管理者的肯定。

紧迫感也是一种激励

伯乐在集市上选了一匹青骢马。他说："只要经过训练，这匹马一定可以成为千里马。"可是，一个月过去了，又一个月过去了。无论伯乐采取什么办法，青骢马的成绩始终不理想。每日的奔跑距离总是在900里左右徘徊。伯乐对青骢马说："伙计，你得用功啊！再这样下去，你会被淘汰的！"青骢马愁眉苦脸地说："没法子啊，我已经尽最大的努力了。"伯乐问："真的吗？"青骢马说："真的，我把吃奶的劲儿都使出来了。"

新的一天的训练开始了。青骢马刚起跑，突然背后响起一声惊雷般的吼叫。青骢马扭头一看，一头雄狮旋风般向它扑来。青骢马大吃一惊，撒开四蹄，没命地狂奔起来。

晚上，青骢马气喘吁吁地回到伯乐身边说，"好险！今天差点喂了狮子。"伯乐笑道，"可是，你今天跑了1050里。""什么？我今天跑了1050里？"青骢马望着伯乐，伯乐脸上挂着神秘的笑容。青骢马心中豁然一亮。从此，它一上训练场，就设想有一头狮子在后面追。后来，它果然成了一匹千里马。

管理思考

对待自觉性比较差的员工，一味地为他创造良好的软环境、去帮助他，并不一定就会起到好的作用。偶尔用用你的权威，给他一点"压迫"，这有助于及时制止他们消极散漫的心态，激发他们发挥出自身的潜力。适当的紧迫感对人的工作效率起着一种积极的激励作用，如何让下属产生紧迫感呢？一个似乎有点笨但绝对有效的做法是，制造一定的压力，或尽量把自己所承受的来自市场的或来自上级的压力传达到每一个下属身上。

我们知道，适度的压力能够提高工作效率，譬如，运动员打破纪录总是在具有压力的比赛之中。但过度的压力也会影响工作效率，问题频繁出现，譬如焦虑、失眠、烦躁。

在其他的刺激程度下，包括高于和低于最佳水平，业绩都会产生恶化。两者关系的基本原理是当一个个体经历一种低水平的压力时，他没有被激发活力，并且不能明显地改进其业绩；当个体经历过高水平的压力时，他可能会花费更多的时间和其他的智谋用于对付压力，并且投入较少的努力用于完成任务，从而导致业绩相当的低；适度的压力在工作业绩中能激发个人的活力和投入最大的能量。因此，压力对工作效率的影响要一分为二地去看待。

良性的压力会驱使人们工作更努力，把事情做得更好。人需要有一定的压力，才会更努力，工作才能更有效率，而且这些压力必须适当、适量。负面压力或压力过重会有不良影响，引起生理和心理上的病症，同时，还有可能会导致行为改变，如酗酒或服用镇静剂。

当一个人承担不了所受的压力时，通常会出现以下症状或信号：在生理方面，会感觉头痛、恶心或呕吐、掌心冰冷或出汗；在情绪方面，脾气会变得急躁、忧虑、容易发怒、紧张；在行为方面，会出现失眠、过度吸烟、喝酒、拖延事情、迟到缺勤、停止娱乐、厌食；在精神方面，会出现记忆力下降、注意力不集中，持续地对自己及周围环境持消极态度，优柔寡断等。

管理者应及时关注员工身上的种种信号，综合考察各方面的压力源，若发现确实存在过度压力，则应采取压力管理。

进行压力管理，可以分成两部分：第一是针对压力源造成的问题本身去处理；第二是处理压力所造成的反应，即情绪、行为及生理等方面的纾解。

要让员工受到的压力变为前进的动力，而不至于变成摧残身心的凶手，管理者必须提供一个最具创造力、最有生产力、最充满挑战的环境。

让压力变成动力，而同时也要保护员工的身心健康，这是针对压力源进行的弹性管理。管理者还应该对压力所造成的反应进行纾解，因为无论问题的结果如何处理，处理过程所产生的压力对身心都会造成明显的反应。因此，如何处理身心的反应，也是压力管理相当重要的一环。

压力管理正日益受到管理界和社会的关注，员工压力管理有利于减轻员工过重的心理压力，保持适度的、最佳的压力，从而使员工提高工作效率，进而提高整个组织的运转效率，增加利润。管理者关注员工的压力问题，能充分体现弹性管理和以人为本的理念，有利于构建良好的工作氛围，提高整个组织的竞争力。

紧迫感是人努力工作的催化剂，适度的压力是前进的动力，但过度的压力也会成为前进的阻碍。管理者必须把握好松与紧的尺度，并在实践中灵活运用，才能拥有一支身心健康、积极热情的队伍。

正如上文所言，管理者应该充分认识到压力的正面效应，在管理上适时适当地"紧"一点，给下属施压，以提高他们的工作效率。施压的方法很多，其中比较有效的有以下三种。

1. 为下属设置工作的最后期限

很多人在做事情时，有拖延的习惯，总认为，这事情现在不必着急，还可以再拖上一段时间。如果你的下属大都这样，你那个单位的工作效率就必然很差，所以，管理者必须尽力消除这种现象。在所有的措施中，其中重要的一条是给下属的工作设置最后的期限。在交给下属工作任务之前，先预估他可以完成任务的时间。在交代任务的同时也交代最后完成的期限以及超过期限的惩罚。下属在有限的时间里，必然认认真真地工作，不敢懈怠，以便尽快地完成任务。

2. 让下属有一种紧张感

在高效率的组织里，所有的下属必然是忙而有序。为了提高你的组织的工作效率，管理者必须充分地调动每个人的积极性，使每个人忙碌起来，让下属都有一种压力感和紧张感。你要给所有的下属合理地布置任务，制定完成任务的各项指标。对于完不成任务的下属一定要采取相应的惩罚措施，否则，散漫的空气很快就会弥漫开来，使组织的工作效率大为降低。

3. 促进下属之间的竞争

每一个人都有自尊心和自信心，其潜在心理都希望"站在比别人更优越的地位上"或"自己被当成重要的人物"。从心理学上来说，这种潜在心理就是自我优越的欲望。有了这种欲望之后，人类才会努力成长，也就是说这种欲望是构成人类干劲的基本元素。

这种自我优越的欲望，在有特定的竞争对象存在时，其意识会特别鲜明。只要能利用这种心理，并设立一个敌手，让对方知道竞争对象的存在，就一定能成功地激发起每个人的干劲。

竞争意识是产生高效率的根源。一潭死水不可能激起浪花。试想，如果是员工没有竞争的意识，大家都数十年如一日地坐在那里安于现状，怎么能有所进步呢？要想提高工作效率，一定要唤醒员工的竞争意识，并使他们永远处于竞争状态，要他们在"比、学、赶、超"的过程中自愿为你奔跑。这样，你只需要做些辅助性的工作，就可以牢牢地控制员工们，为你们共同的事业一路狂奔。

有竞争才有压力，有压力才会有动力，有动力才会有活力。让员工永远处于竞争状态，能有效地激励员工追求上进，激发他们的学习动力，转移他们的兴奋点，从而使公司上下生机勃勃。这是一种重要的管理艺术，也是企业取得成功的关键。

引入"鲶鱼"，激发潜力

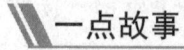
一点故事

挪威渔民出海捕沙丁鱼，如果抵港时鱼仍活着，卖价要比死鱼高出许多倍。因此，渔民们都想方设法地让鱼活着返港，但种种努力都失败了。只有一艘渔船总能带着活鱼回到港内，船老板收入丰厚，但原因一

134

直未明。直到这艘船的船长死后，人们才揭开了这个谜。原来这艘船捕了沙丁鱼，在返港之前，每次都要在鱼槽里放一条鲶鱼。放鲶鱼有什么作用呢？原来鲶鱼进入鱼槽后由于环境陌生，自然向四处游动，到处挑起摩擦，而大量沙丁鱼发现多了一个"异己分子"，自然也会紧张起来，加速了游动。这样一来，就一条条活蹦乱跳地回到了渔港。

管理思考

优秀的员工通常能够在某种压力下工作得很好。如果公司尚不存在这种压力，不妨从外界把这种压力引进来，制造一种积极的紧张气氛，使其更具活力。"鲶鱼式"人物的加盟，会使团队内部形成竞争向上的气氛，原来平静、沉闷的组织，便充满了生机和活力。

这种"鲶鱼效应"对团队其他成员的刺激可以说是非常奏效的。如果你也想通过这种办法激活自己的团队，就先要认识一下"鲶鱼"的特点，然后才能选对人，并取得预想的理想化效果。

一般来说，"鲶鱼式"人物具有以下几个特征。

1. 独立性

他们倾向于采取与众不同的观点与行动，在行动中不喜欢他人的过多干涉与关心，并按照独立的思路去解决问题。

2. 冲动性

他们常常表现出精力旺盛、才华横溢的状态，且具有很强的工作欲望。

3. 冒险性

好奇的愿望与对新经验的欲望、对成就的欲望常促使他们向未来、向未知的世界主动挑战。

4. 灵活性

他们具有容易适应环境变化的能力，具有容易接受新事物、新观点的倾向。他们性格开朗，心态开放，爱好广泛，能接受各种价值观念，善于从失败和错误中学习。

5. 自发性

他们具有一种按自己意志积极行动的倾向。他们思想活跃，行动积极，努力实现自己的创造活动。

要想让企业充满活力，就需要一定数量的"鲶鱼式"人物。因此，作为管理者来说，要了解这类人物的特点，用好这类人物，从而达到人适其职、职得其人、人尽其才、才尽其用的理想境界。

当然，"鲶鱼效应"的应用并不是无条件的，引进的"鲶鱼"式人物也不是越多越好。

很多管理者在用人时都懂得"鲶鱼效应"，但有一些管理者却误认为只要引进这类人才，就能实现"引进一个，带动一片"的人才效益。殊不知，"鲶鱼效应"是有条件的，是要经过科学评估与运作的。如果不能将"鲶鱼效应"放在整个人力资源开发之中全盘去考虑，就会适得其反，酿成"鲶鱼负效应"。发挥"鲶鱼效应"的关键是，能准确地判断你的员工是否安分守己，不思进取。如果恰恰相反，你所在的部门内有一个或几个生龙活虎、锐意进取的员工，本身就有一个良好的"鲶鱼效应"，这时你仍然我行我素地坚持引进"鲶鱼"式人物，就有可能发生"能人扎堆"，内部起哄，人力资源管理效率低下的情况。

另外，当一个公司出现职位空缺时，企业可以优先考虑公司内部的

"鲶鱼"式员工。公司应为每个员工建立一个发展计划，在适当的时机给优秀员工提供发展空间和机会；同时可树立榜样，让员工知道公司关心他们个人的成长和发展，有利于营造良好的企业文化；再者可以节省公司的人力资源成本，避免出现比拼高价收购人才的现象。

请将不如激将

一点故事

艾尔·史密斯在担任纽约州州长时，辖区内的"星星监狱"成了一大挠头问题。这座监狱非常难以管理，经常发生斗殴、骚乱之事。星星监狱的几任监狱长不是主动提出辞职，就是刚干不到一个月就被迫辞职，因"渎职"丢了饭碗，更有甚者死在任上，这显然不是一个好差事。史密斯想寻求一位有能力的助手，帮助自己改善监狱的现状。但是，这很难办，因为没有人愿意去啃这块难啃的骨头。

经过一番了解，史密斯最后盯上了一个叫刘易斯的"干将"。这名干将性格刚强，意志坚定，而且人高马大颇有气势，或许只有他才能将那些犯人管得服服帖帖。

史密斯叫来刘易斯，开门见山地说道："我打算让你去做星星监狱的监狱长，你看如何……"对星星监狱臭名昭著的现状，刘易斯早就了解。州长的提议让他感到十分犹豫，他不知该如何回答州长才好。史密斯看出了刘易斯的犹豫，于是微笑着说道："看得出来，你是有些害怕了对不对？这很正常，我不责怪你，谁都知道那是一个出了名难管的监狱。想做这座监狱的监狱长，没有一定的胆量，没有强韧的意志是绝对不行的，那里需要一个男子汉。"

如果再推脱，岂不是承认自己胆小怕事，承认自己不是男子汉？这可关系到一个人的名誉问题。于是刘易斯决定接受州长的委派，前往星星监狱就职。后来，刘易斯果然不负史密斯所望，成为星星监狱狱史上最有声望、最有名气的监狱长，根据其故事改编的电影剧本就有数十个之多。

管理思考

激将法是孙子"三十六计"中的一计，在生活中一直被广为应用。例如，教练常用激将法激励队员奋进，或是激怒对手使其陷入犯规战术；父母常用激将法引导孩子，使其朝着正确的方向发展；老板常用激将法激起员工的斗志或"诱导"下属进入自己的"圈套"等。

为什么激将法能起到这么有效的作用呢，因为几乎人人都爱惜自己的面子。爱面子的人的心理通常是这样：你说他不行，他偏要证明自己可以，绝对不让你看低。这是激将法得以在生活中广泛使用的心理基础。

聪明的管理人员会利用员工爱面子的心理，适当运用激将法，使他们产生偏要干好的心理，从而让下属完成好交代的任务。比如，管理者可以淡淡地说："这个设计太难了，我估计搞不定，你如果也不行的话我找别人做吧。"就为证明自己，你的下属肯定会想方设法努力做好了。

这方面诸葛亮也称得上是一代激将高手。他以激将法让关羽守华容道而后放走曹操，还多次运用激将，达到自己的目的：战马超之前先故意激张飞，说谁也打不过马超，除了把关云长请来；打张郃前说除了张飞谁也敌不过张郃，以此激怒黄忠；征孟获时又激赵云、魏延，要他们不听将令，私自出兵。

现如今，激将法已经成为管理学中的一个常用策略。依据心理学原理，个人行为动力源于其各种需要。当某种需要在人们的大脑中形成以后，就会转化为具体的动机，从而引发出某种特定的行为。而我们所谓的激将法，就是对实现需要动机的强化。管理者通过激将法刺激下属，借以最大化地调动下属的主观能动性，使其个人才能发挥出最大效用，并更迅速、更圆满地实现我们的管理目标。

在这里，史密斯州长便动用智谋，实施了激将之法，从而成功说服刘易斯接受自己的要求，并取得了很好的效果。

常言说"请将不如激将"，我们在管理下属的过程中，不妨设法借助感情的力量，调动对方的积极性，让对方心甘情愿地执行任务。

不过在使用激将法时，我们还需要注意以下几点。

1.针对明确

运用激将法，必须掌握好激励对象的性格、当时的环境以及条件，不可一味滥用。譬如，对于好胜心强、性格直爽的人，我们可以采用此法；但对于那些性格敏感，受不了"侮辱"的人，我们最好斟酌用词，以免适得其反。

2. 分寸把握得当

"激"的分寸有讲究，既不可操之过急，也不可行之过缓。过急，容易被人猜透，不会就范；过缓，不足以激起对方的求胜心，无法达到预期的目的。

3. 给予适当的奖励

当下属在你的刺激下出色完成了工作任务以后，应给予一定的精神或物质奖励，让下属感受到你的重视，进一步增强他的成就感，以便下一次更好地完成任务。

总而言之，在使用激将法时，管理者必须把握一个合适的度，让下属在心理上能够接受，这样才能达到激励的效果。倘若管理者的激励措施令下属不满意，那么就会产生负面影响，甚至会挫伤下属的士气。这就要求管理者必须提高自身修养，正确、灵活地运用激将法，从而最大限度地调动起下属的能动性和创造性，实现自己的管理目标。

赏与罚要有个把握

▌一点故事

曹操历来坚持有功就赏，有罪就罚，无功不赏，无罪不罚，大罪大罚，小罪小罚，大功大赏，小功小赏，一视同仁，不分贵贱。部下只要有功，必给相应奖赏，而且针对不同的人、不同情况给予不同的奖励。

当年曹操征张绣，一时兵败逃命之时，夏侯惇所率曹操谪系部队青州兵"乘势下乡，劫掠民家"。另一部将于禁在这慌乱时刻果断命令本部军队沿途剿杀青州兵，禁止他们作乱以安抚乡民。青州兵倒打一耙，跑到曹操面前哭诉委屈，诬告于禁造反。曹操听后大怒，带领部队准备镇压。于禁见曹操气势汹汹而来，仍旧不慌不忙，他没有分辩，而是稳住阵脚，安营立寨。因为他清楚地知道"分辩事小，退敌事大"，因为张绣的兵马正在后面紧追。果然，刚刚安扎完毕，张绣两路大军杀到，于禁一马当先率军出寨迎敌，杀退张绣人马，并且追杀一百多里，反败为胜。事后，于禁才向曹操禀明情况。曹操颇为赞赏，对于禁又是奖赏，又是封侯。

管理思考

曹操奔命之时，乍闻猛将反叛，自然心有疑虑，但他并未轻信流言，直击于禁，事后又能问明情况，赏罚分明，值得人们引以为鉴。曹操可谓对激励的适度原则运用自如，实为历史上罕见。所以，曹操网罗了许多人才，他们甘愿为其卖命、为其效忠，终于成就了他三国分其一的伟业。

只是可惜，在管理实践中，有些管理者并不懂得赏罚之道，在赏罚过程中，失去分寸和节制，结果走向极端，过犹不及，反而导致激励无效。

我们都知道惩罚不适度就会影响激励员工的效果，奖励不适度同样也会影响员工工作的激情，并且还会增加激励成本。奖励过重会使员工产生骄傲和自满的情绪，失去进一步提高的欲望；奖励过轻会起不到激励效果，或者让员工产生不被重视的感觉。比如，有的时候员工的期望值是月收入 2000 元，你给了 3000 元，等到员工的期望值没有升高的时候，你又涨到了 4000 元。万一出现特殊情况，你再把收入降到 3000 元的时候，矛盾就会出现，那样你的激励就失去了意义。

奖励和惩罚始终与激励联系在一起。奖功罚罪，自古以来，概莫能外。而如何掌握适度原则，就涉及管理者的艺术问题了。

一般来说，赏罚有度的激励原则主要应注意以下五点。

1. 赏罚要出于公平

赏罚必须公平，该赏则赏，该罚则罚，不能照顾亲疏。"所憎者，有功必赏，所爱者，有罪必罚"，才能使大家心服口服。如果"对其所喜者，钻皮出羽以掩其过，对其所恶者，洗垢求瘢以彰其疵"，那么，赏罚就失去了"强化"作用，有时会收到相反的效果，闹得众叛亲离。

2. 赏罚要注意讲清道理

戚继光从自己的治军实践中认识到：赏罚要合乎情理。他认为，"理兴于心，情迫于理"，"赏罚"人人知其所以赏罚之故，则感心发而顽心消，畏心生而怨心止。赏与罚，先把道理讲清楚，将善恶、功过分清楚，大家知道了受赏受罚的原因，赏则会使大家见其功而心悦诚服，罚则会使大家及本人真正受到教育而消失怨恨。

3. 赏罚要注意有度

从管理学角度讲，动力原理的运用要重视"刺激量"，"刺激量"不足，"刺激量"过大，都不能有效地运用动力原理。赏罚只有适度，恰到好处，才能达到激励与惩戒的目的。赏不能过高和过滥，奖赏过高，群众就会不满意奖赏过滥，无功受禄，无劳受赏、在奖励上搞平均主义，会赏而无恩，起不到教育作用。赏无论是过高或过滥，都不能调动人的积极性。处罚过轻，不能教育本人和他人；处罚过重，不给犯错误者以改过的机会，会将人"一棍子"打死，不符合"惩前毖后、治病救人"的原则。不管是轻过重处，还是重过轻处都是不合适的。

4. 赏罚要严守信用

古代兵书《尉缭子》中说："赏如日月，信如四时。""赏者贵信，罚者贵必。"管理者实施赏罚，必须严格执行规章制度，言出法随，说到做到，不能随心所欲，说了不算。如果高兴即赏，不高兴即罚，会搞得部下无所适从，人心混乱。长此以往，管理者所说的话就失去了信度和效度。

5. 赏罚要注意时效性

赏罚只有在恰当的时间实施，才会收到教育的效果。古人强调"赏不逾时"，"罚不迁列"，奖赏及时，是为了让群众尽快见到为善的好处；当场处罚，是为了让群众迅速看到不为善的害处。一般情况下，赏罚要注意及时性，时过境迁，赏罚的作用就不明显了。

通过上述五点，不难看出及时和适度是互相联系，相辅相成的。适度原则的核心是赏罚和功过相一致。奖大于功或小于功，罚大于过或小于过都是不可取的，只有适度下的及时和及时下的适度，才能最大限度地发挥激励的作用。凡事都有一个度，掌握不好度，就有可能出现过犹不及或火候不到的结果，这两者都是我们在管理中所不愿发生的。

08

上下车法则：识才用才

——将合适的人请上车，不合适的人请下车

在科技竞争、人才竞争愈演愈烈的现代社会，使用人才讲求各尽所长，发挥他们的最大优势，并且组成优质的团队。因此，每一位领导者都应该学会扬长避短的用人艺术，将合适的人请上车，不合适的人请下车，使有限人才的智慧都放射出绚丽的光芒。

因事设人，才能人尽所长

　　L电器公司董事长赵某面临着艰难的抉择。他手下有两名爱将，多次临危受命，都曾为公司的发展立下过汗马功劳，且一直对他忠心耿耿。如今，他年迈退休，必须在两人之间选出一个来扛起公司大旗。可是，该选谁呢？A君的特点是做事善始善终，B君的特点是精力充沛，能够多管齐下，一年内做出很多事来。按理说，两人论能力，论资历，都可以荣任总经理的职位，提谁上位，另一个势必心里不舒服。这两个爱将，老总一个也不想伤害，可又不能设置两个总经理职位。

　　思前想后，老总决定让两人来一个竞争上位，谁在一个月内完成的销售额高，谁就做总经理一职，另一个则去做公司的人事总监。两人欣然领命。结果，善于多管齐下的B君胜出，而A君愿赌服输，毫无怨言地去担任自己的人事总监了。

　　事实证明，赵某的这次任命是非常成功的。A君老成持重，善始善终，将人事工作处理得井井有条，B君思维敏捷、果断干练，令公司的业务蒸蒸日上，整个企业呈现一片欣欣向荣的景象。

管理思考

管理者的基本任务简单说就是寻找到合适的人，把他们安放在合适的地方，然后鼓励他们发挥才能，为企业创造效益。在这个过程中，管理者要能做到因人而异，用人之长，容人之短，让人才各展其才，人尽其长，达到合理使用人才的目的。

其实，故事中的董事长赵某或许心中早已选定 B 君为公司的新任总经理，只是害怕担心 A 君，所以迟迟无法作出决断。他倡议的"竞争法"其结果或许早已心中有数，但只有这样做才能让 A 君不生怨言，心服口服——毕竟自己能力有限，B 君比自己更适合做总经理。赵某的做法堪称高明，他因事设人，既稳定了爱将的情绪，又将他们任命到了各自合适的位置上，既避免了伤元气的内部争斗，又使公司走向了稳定、发展的局面。

这种做法其实是很值得我们借鉴的，在我们的众多下属中，每个人都有自己的特长和弱项，然而一个办公室或一个公司里的职务就是那么多，如果根据取长弃短的原则给每个人安排一个职务，显然是不可能的。如果硬要安排，只能是形同虚设，毫无意义。在西方流行一种"能力制胜法"，即有多大能耐，就干多大能耐的事。这是公司管理者用人的一个方面。所以，高明的管理者善于因事设人，而不会因人设事。他会尽量坚持取长补短的原则，给每个下属安排一个最适合的职务，但又不顺从他们，而是在职务的限制下自由发挥。

要做到因事设人，人尽其长，我们这些管理者就应该尽力做到以下几点。

1. 各就其位

事业为本，人才为重，人事两宜是用人的重要原则。人事两宜，包括两个含义：第一按照需要，量才使用。社会的发展不仅迫切需要各方面的人才，而且也为发挥人才的作用开辟了广阔的道路。积压人才，用非所学，不把人才分配到最能发挥其专长的地方去，强人所难，就会影响公司的发展。第二要了解人，而且要了解得彻底，还要有全面的观点，在使用人才时要职能相称，量才适用，适才所用。人才是有不同层次和类型的，要做到大才大用、小才小用，使相应的人才处于相应等级岗位，把人的才能、专长与岗位、职务、责任统一起来。

选人用人的时候，不仅要考虑全局，教育人们服从需要和分配，而且必须考虑人才的志趣、特长、气质、能力，做到合理使用，让每个人去干自己最擅长的工作，为他们提供充分施展才能的条件和机会，不要强人所难。这样既能避免大材小用、造成人才有余、浪费人才，也能避免小才大用、才不称职，贻误工作。

2. 尽其所长

高明的管理者在管理人才时，总是根据人才的潜能、特长和品德合理地使用他们，分配给人才使用的权力必须足够使其发挥作用，如果出现错误，结合其优势督促人才合理改进，人才自然会愉快地接受。如果分配给人才的职位根本不能发挥他们的才能，在这种情况下，人才连适应都来不及呢，哪里还能发挥什么才干呢？

3. 因人而异

用人需根据人才的条件进行安排，人才发挥作用建功立业也同样需要有客观条件。条件不具备时，人才即使有比尔·盖茨、戴尔、杨致远的能力，也会徒劳而无功，发挥不了作用。另一方面，人才各有不同，有的人善于按最高管理者意思做事，能做到这点时，他就很容易满足；有的人志在管理好全局，全局管理好了，他就会高兴；有的人懂得管理社会事物，懂得什么事现在可以做，什么事将来可做，善于适可而止、长远安排。如果能辨别以上各种情况，那么这个管理者才能真正称为伯乐。

管理者要做一个现代的伯乐并不难，只要你在人与事的主次上恰当把握，就会做到因事设人，而不是因人设事。这样就会使公司形成每个人都能胜任自己的工作，每项工作都有合适的人来完成，从而提高公司工作的整体效益。一个公司要充满生机，前提是人人有其责、事事有人做、时时见效率。而这正是因事设人的益处。

合理组合，发挥人才最大效用

▍一点故事

丹麦天文学家第谷有杰出的观察能力，经过日积月累，得到大量天文观察资料。但是，他的学说仍然没有摆脱托勒密地心说的束缚。1600年，他请了一位助手德国天文学家开普勒。虽然开普勒的观察能力不如第谷，但他的理论分析和数学计算才能却非常突出。合作不久，第谷去世，在第谷大量的观察资料和自己的分析计算基础上，开普勒大胆提出了著名的、对以后的航天事业有着深远影响的开普勒三大定律。

▌管理思考

这个故事非常有力地证明了"互补效应"，对于现代管理而言，亦是一种提示。现代企业管理的理论与实践都证明：合理的人才组合是企业人力资源规划的关键，也是一个企业能否对外发挥最大潜能的关键。合理的人才组合可以使人才个体在总体的引导和激励下释放出最大的能量。

人才是企业最重要的资本，这是现代管理者的共识。而如何使用人才，使人才能以一当十，以十当百，则成为管理者不断思考的问题。人才组合不一定都要追求"强强联手"，重要的是要追求优势互补，将不同类型的人才进行合理的搭配。

为提升合理搭配人才的技巧，可以考虑以下几点。

1. 高能为核

企业必须以能力高的人为核心，才能荟萃群英，调动各方面的积极性和创造性。所以，必须选好企业的最高领导者和各部门的正职。在各部门的工作中，也要注意培养各领域的带头人，作为一个个"高能核"发挥凝聚作用。

如果一把手能力欠缺、水平不高、独断专行，再好的副手和员工也难以发挥应有的作用。许多人辞职就是因为上司无能，自己不但不能学到东西，而且觉得备受压抑、前途无望。这样的企业又怎么会赢得激烈的市场竞争呢？

2. 异质互补

不同专业、性格、气质的人在一起，往往能互相激发想象力，各司其职，各得其所。任何一个企业在配备人才，尤其是领导班子时，一定要注意才能、性格等各方面的互补。班子成员中既有统御三军的帅才，又有领兵打仗的将才，还有协调八方的相才、执行决策的干才、精通业务的专才。如果大家的性格、能力都差不多，不但无法互补，还容易造成相互排斥、相互否定，甚至相互拆台，形不成整体合力。

3. 德才不逾

贤能取舍是一个自古以来争论不休的问题。我们说"高能为核"，前提是坚持品德的要求，特别是企业的重要领导岗位。品德败坏的人是不能交予大权的，他们的能量越大，危害就越大。

企业的领导不仅要指挥企业获得经济效益，还必须以自己的人格魅力取信社会、征服员工，才能带领企业走向真正的、长久的成功。

所以，企业合理的人才结构是"贤者在上、能者居中、工者在下、智者在侧"。智者在侧，是说企业要组成智囊团，他们不参与直线职能，而是集中精力于制定高瞻远瞩的战略战术。对于单个的人，委任时也要考虑其品德。有德有才，信而用之；有德无才，帮而用之；无德有才，防而用之；无德无才，弃而不用。

4. 同层相济

首先，要让企业的中、高、低各层次人才保持合适的比例。虽然各企业不同的产品特点、组织结构，导致比例各异，但一般说来，同一个层次的人不可过多，比如公司副职。否则他们在升迁等问题上就会"撞车"，在日常工作中也容易扯皮和彼此拆台。其次，让不同部门的同层员工保持一定的可比性。加入 A 部门的一般职员的能力比 B 部门的经理都强，人们便会抱怨 A 部门，而想方设法挤到 B 部门或者其他水平不高，但升迁很快的地方去。这会使公司陷入混乱。

5. 动态调整

企业面临的外部环境是不断变化的，所以人才的搭配不能一劳永逸。管理者可以不断寻求最佳的人才搭配，如年龄、性别、专业技能等方面的比例和组合等。还可以通过选拔、招聘、晋升调任、开发培训等方法来调整。另外，当企业目标、工作情况有大的变动时，须作出较大范围甚至全面的调整。

合理的搭配用人，不仅能充分发挥每一个人的个体作用，而且可使群体作用功能达到 1+1>2 的状态，并在整体上取得最佳效果。随着现代科学技术的发展，很多研究、攻关项目是需要体现多边互补原则的。这里既需要有知识、能力互补，又需要性格、年龄等方面的互补。

另外，企业在用人过程中还应注意在一定程度上打破部门壁垒，有针对性、有计划地让人才作合理流动，让人才能在各方面学习，在更广阔的天地里发挥作用。同时，这也是一种培养全面人才的手段。如果人才不能合理流动，在小环境里，容易窒息人才，使企业丧失活力。

优秀的管理者不仅要看到单个人才的能力和作用，更重要的是要组织一个结构合理的人才群体。要将不同类型的人才进行合理的搭配，并把他们放在最合适的地方，互补互足，相互启发，形成一个有机的整体。通过这样合理的组织结构来弥补人才的不足，以求达到人才使用的最佳效能。

用好那些"不一样的人"

　　林肯任美国总统时，有一天，参议员蔡思来他的办公室跟他谈事情，正巧一位名叫巴恩的银行家前来拜访他。巴恩看见蔡思从林肯的办公室走出来，对林肯说："总统先生，如果您要组阁，千万不要使用此人，因为他是个极其自大的家伙，他甚至对人吹嘘他比您要伟大得多。"林肯笑了，说道："哦，是吗？除了他，您还知道有谁认为他自己比我伟大得多的？"巴恩答道："据我所知，没有。您为什么这样问呢？"林肯说："因为我想把他们全部选入我的内阁。"事实上，巴恩说的没错，蔡思确实是个骄狂自大而且忌妒心重的家伙。他狂热地追求权力，曾参与总统竞选，不料落败于林肯，最后，只坐上了第三把交椅——财政部长。不过，他也的确是个大能人，精于财政预算与宏观调控。林肯一直十分器重他，并通过各种手段尽量减少与他的冲突。

　　后来，《纽约时报》的主编亨利·雷蒙顿拜访林肯，也特地好心提醒他，蔡思正在策划竞选，谋求总统职位。林肯以他一贯的幽默口吻对亨利说："听说你也是在农村长大的，我想你一定知道马蝇。有一次，我和我弟弟在农场里耕地。我赶马，他扶犁。被我们使唤的那匹马很懒，磨磨蹭蹭不愿干活。但是，某个时刻它却突然干活很卖力，跑得飞快。我想找到原因，便仔细观察它全身，这才发现，原来一只很大的马蝇叮在它的屁股上。我伸手正准备把马蝇打掉，我弟弟问我为什么要打掉它。

我说不忍心看着马被它咬。弟弟说：哎呀，你不懂，就是因为有那家伙叮着，马才跑得那么快呀。"

然后，林肯意味深长地对亨利说："现在正好有一只名叫总统欲的马蝇叮着蔡思先生，只要它能使蔡思不停地跑，我还不想打落它。"林肯的胸襟和用人之道，使他成为美国历史上最伟大的总统之一。

管理思考

在很多现代企业中，都有所谓的"刺儿头"，这些人狂妄自负，根本不把任何人放在眼里，但企业的很多事情偏偏离开他们还不行，这些"刺儿头"可谓是另类的能人。怎样处理与这些人之间的关系，如何应对由这样的人引发的组织冲突，对于我们这些管理者来说，实在是一个相当有难度的挑战。

这些"厉害"的员工确实令我们十分地头痛，该怎样处理？如果将他们全部炒鱿鱼，以保持组织的纯洁度，到最后可能形成一个非常听话却平庸无比的团队，根本无从创造更高的管理绩效。所以，我们要"团结一切可以团结的力量"，把这些"厉害"的人物都团结起来，充分利用这些有强大能力或特殊资源的人，向我们团队的共同目标去努力。作为管理者，我们赋予这些另类的能人以重任，不但可以有效减少组织冲突，甚至还可以让这些拥有各种资源和能力的人积极效力。

事实上，在实际工作中，我们应该学习林肯总统，把那些像蔡思先生一样"另类"又有强大能力或特殊资源的能人充分利用起来，为企业的发展奠定坚实的基础。通常情况下，这些人之所以敢做"刺儿头"，不外乎以下原因，我们完全可以对症下药，让他们为我所用。

1. 高学历、高能力、技艺独到、经验丰富

正因为他们具有一些其他员工无法比拟的优势，所以能够在工作中表现不俗，其优越感更进一步地凸显。这种优越感发展到一定的程度时，直接体现为高傲、自负，以及野心勃勃。他们不屑于和同事们交流和沟通，独立意识很强，协作精神不足，好大喜功，小事不爱做，不把我们这些领导放在眼里，甚至故意无条件地使唤别人以显示自己的特殊性。从工作能力上看，他们中的大部分都是"精英"，是团队的骨干力量，但从管理角度来看，这些人很多时候扮演了一个"组织破坏者"的角色，可能会因此造成其他同事的反感，也可能因为与其他同事越走越远而成为团队冲突的源头。

对付这类"刺儿头"，我们一定要沉得住气，不要和他们斤斤计较。但该批评时要敢于批评，适当挫一下他们的锐气；该表扬时要表扬，激发他们更进一步的热情。

2. 性格另类、开朗、有个性

得益于自身的性格，这类人一般都具有不错的人缘。我们可以将其从"死板"的工作方式中解放出来，令他们充当"急先锋"。

如，给他们一些策划企业集体活动的工作，让他们充分发展个人能力，为企业创造良好的氛围，这样便可发挥出他们的最大效用。

值得一提的是，所谓另类，即意味着他们往往不会拘泥于形式，这或许正是我们所头疼的。纪律规范、条条框框对他们而言，似乎并无约束力。那么，如此一来，我们辛苦建立起来的工作秩序会不会被他们所搅乱呢？其实，这也是有必要考虑的，不过最终还是要看我们这些管理

者怎样依据其特点、凭借方法驾驭这类人，处理团队关系了。

什么人不可用，你心中要有个数

诸葛亮在祁山寨中，得报新城失陷，孟达被杀，司马懿已引兵来攻蜀军，大惊。他判断司马懿出关，必取街亭以断咽喉之路，欲速准备派精兵一支，守住街亭。只是这统军之将颇为难选，刚问帐下诸将谁敢引兵前去，话未说完，参军马谡忽然驱步上前慷慨请令。诸葛亮颇为踌躇，不敢肯定马谡必能胜任，又害怕马谡因轻视街亭这种弹丸小地犯错，所以特别强调："街亭虽小，干系非轻，而且司马懿善用兵，张郃又是魏之名将，均非等闲可比……"，然而马谡一再固请，义愤形于色，那样子就跟黄忠当年入川一般。而且马谡一再自称自幼熟读兵书，岂一街亭不能守？并且他愿意以全家百口当做担保，当众立下军令状。诸葛亮于是应允，遂遣王平为副将，希望借着王平的谨慎，能够弥补马谡的疏狂，并嘱咐王平随时将行营地势，绘图驰报，自己则可以遥遥指挥。马谡一军出发以后，诸葛亮又遣魏延、高翔等二军，为马谡后援，其调度之谨慎也算到了极致。马谡到了街亭以后，与王平观察地势，想起兵法中"置之死地而后生"的手段，便决定扎营山顶，以取居高临下之势，王平再三力谏，并陈述其利害，且示以在五路总口下寨之种种便利，谁知马谡刚愎自用，一概不听。王平不得已，只得自领一兵在山麓另驻一营，以为犄角之势，另一方面马上绘图飞报诸葛亮，希望丞相速速制止。怎奈司马懿用兵神速，果不出王平所料，司马懿先绝蜀军取水道路，又命张郃阻断王平的救援，继而亲自率大军四面围困。于是蜀兵不战自乱，而街亭继而断送。

管理思考

世人皆指责马谡纸上谈兵，刚愎自用，毁了蜀国大业，其实诸葛亮也难逃其责。早在此前，刘备弥留之际便提醒过诸葛亮，马谡不堪大用，只是诸葛亮过分轻信自己的判断，因而才有了这政治生涯中的一大败笔。

其实我们也常会犯下这样的错误，有些管理者求才心切，发现其人有一技之长，便不问其他，委以重任。殊不知，有些人虽然学有所长，但由于自身的某一方面存在致命的弱点，有朝一日说不定会因此坏了企业的大事。所以对这些人应量才而用，万万不可忽略其弱点，对他们加以重用。

1. 谄媚者不可重用

谄媚型的人深信，如果能迎合企业领导，就能步步高升。这种人毫无才干，且品质恶劣，道德观念差，意志薄弱。

2. 爱虚荣者不可重用

虚荣型的人渴望自己是富人和名人的知己。这种人喜欢自吹自擂，缺乏实干精神，只要一有机会，就会滔滔不绝地向别人叙说他与某些有名望的人常有往来。实际上，他的所谓名人朋友可能根本不认识他；或者认识，也知道他是个"牛皮大王"而已。尽管如此，这种人仍然会使出浑身的解数，使人相信他是块做经理的好材料。这种人没有什么真本事，只会信口开河，畅谈他的社交生涯。

3. 四平八稳者不可重用

四平八稳型的人处世轻松，满不在乎，心眼不坏，也有工作能力。但这种人在事业上四平八稳，处世哲学是"谁也不得罪"，可在短时间内赢得同事和下级的尊重。他们最主要的缺点是已经失去干劲，只是想谋取一个舒适的职位而已，根本不可能跟别人竞争比赛。

4. 纸上谈兵者不可重用

这种人似乎有谋划成功的大智慧，见识机敏，谈吐聪慧，评点前人功过口若悬河，心中如怀有奇谋状，但对事物形势判断能力差，不会见机行事。也正因为不曾体验过着手处理具体事物的方方面面的困难，而轻易地否定别人的能力和功绩，一旦面临行动，就手足无措，看似英明果断，实际是草率行动。他们缺乏的是在错综复杂的事态中正确厘清思路、抓住关键的思考经验和理事能力，往往根据头脑中记得的同类事件来发布行动命令，根据经验办事，不善随机应变，只会生搬硬套，成为教条主义者、本本主义者。

5. 自命不凡者不可重用

这种人根本无法容忍别人的一切举止、想法，对于这种自命不凡的人，各种"人际关系训练法"都治不好他们永远埋在心底的精神特质。把这种人一个个地互相隔离开来，乃是最好的解决方法，而且是唯一的解决方法。这种自命不凡的人谁都看不起，觉得世上唯有自己最有能耐。

6. 权力欲强者不可重用

权力欲望过强的人浑身上下都散发着按捺不住的野心，时时刻刻念念不忘在别人面前显示自己的能力。这种人有能力，既然已经下定决心，一定要升到最高层的位置，不达到目的，誓不罢休。但这种人在工作中会为自己的野心不择手段，常常会败坏组织的正常工作秩序。

7. 投机者不可重用

投机型的人善于察言观色，把自己作为商品，谋求在"人才市场"上讨个好价钱，在工作上专好讨价还价。这些"市场探索者"都急于利用应招别家厂商，而对目前雇用他们的公司施加压力，以使该公司的领导给他以晋升或增加工资的机会。他们企图利用"被别家企业录用"这种名义，来加速他们在原公司的发展。这种诡计通常都能得逞，特别是当别家企业恰好是这种投机者受雇的原公司的竞争者时。

8. 勇力不足者不可重用

这种人有大智慧，能策划大谋略，但终嫌行动魄力不够，遇事守成有余，闯劲不足，不敢冒险；善于按部就班处理事务，而不适宜解决突发事件，不具开拓精神。

9. 依赖性强者不可重用

他们以公司为靠山，而不是作为工作场所；过度关心退休、年资和安定；喜欢做要求简单的工作；希望担任单一的工作角色；喜欢例行的、事务性的工作；不喜欢做决策；依靠别人来开展工作。

10. 自制力差者不可重用

容易沮丧；脾气善变；不能接受批评；人际关系差；由于恶劣的脾气导致意外事故；好色、好赌、烟酒无限量。

11. 异想天开者不可重用

对工作和待遇的期望不切实际；高估自己升迁的能力；在以往工作中，往往表现出不良的判断力；做白日梦、幻想成功，但不努力去追求；以幼稚的想法认定自己可以创造奇迹。

12. 责任心弱者不可重用

朝九晚五的准时上下班者；对自我突破没有什么兴趣；没有兴趣发展个人的事业；喜欢推卸责任；不愿意出远门（包括出差）。

13. 表现欲过强者不可重用

对众人注目的工作很有兴趣；追求自己成为注意力的中心；无法区别声名狼藉和真正的荣誉；讲究穿着；对所拥有的奢侈财物过分引以为荣；过分重视地位所象征的意义；常以健康不佳为由引起别人的注意；过度喜欢辩论、表演。

14. 过度自私者不可重用

从工作经历中可以看出其以自我为中心；对公司不忠；除非有人付钱，否则绝对不多做一点；喜欢操纵、利用人；过于关心地位和其所象征的权势；喜欢吹嘘；喜欢责怪他人；沽名钓誉。

将不合适的人请下车

　　做默多克的员工非常有危机感。员工要么做出成绩，要么就被解雇。默多克说对人的管理应和对公司资产的管理一样严格，否则对人和对事业都会造成不利影响。如果有人以任何理由不努力干活的话，就应辞退。

　　但过去被默多克解雇的这些员工中，很少有人和他决裂的。有一篇文章写道他不能容忍错误。默多克先生曾经开除 40 位以上的发行人和编辑，包括他父亲最好的朋友和美国最成功的编辑之一克莱·费尔克。但由于解雇的原因不是愤怒或忌妒，因此员工士气似乎没有因此而受到影响。默多克先生总是能够使员工相信这些被解雇的人其实仍然很优秀，只是当时不很适合这个工作而已。

管理思考

　　不同的企业文化对于"解雇"的态度截然不同，但应该肯定的一点是，在市场竞争如此激烈的时代，每个人都应为自己的"饭碗"负责。解雇是管理过程中的终极手段，我们若非迫不得已的情况下，不要轻易使用这个杀招。要知道，被解雇就代表着被绝对否定，毕竟一般人都不喜欢这种自尊上的打击。

　　但当员工的工作能力、职业态度完全达不到公司要求时，恐怕再慈祥的管理者也要考虑动用"解雇"这一无奈的招数了。当然，一般来说，管理者应该给予落后员工一个改进的机会，让他们认识到自己的不足，尽快调整自己，以求与公司的要求步调一致。但倘若员工依然不能达到要求，似乎也就没有其他办法了。不过，我们应该注意，在解雇员工时，最好将解雇的原因——无法达到公司要求，诚实地告知于他，否则，员工在自我感觉良好的情况下，突然接到最后通牒，在情感上是很难接受的。

同时，为了避免劳资双方产生无谓的争吵及劳资纠纷，我们在准确解雇某一无法达标的员工之前，至少应该做好以下几手准备。

1. 建立完善的绩效管理体系

拥有一个完善的绩效管理体系，会使员工明确自己的绩效目标。倘若员工能够通过努力达到要求，自然是大家都乐于看到的事情。倘若他确实没有这个能力，想必他也不会牵强地怪罪别人。

2. 备份员工工作表现记录

我们应该在日常工作中认真观察并备份好员工工作表现的真实记录，月末请员工核对、认可。倘若员工的工作表现一直无法达标，那么在真凭实据面前，他应该知进知退。

3. 及时将工作表现反馈给员工

我们还应该及时将员工的工作表现反馈给本人，尤其是负面信息的反馈。虽然这可能令上下级之间产生不快，但若没有平时的沟通，一朝解雇，矛盾爆发的反而会更激烈。

毋庸置疑，解雇员工并不是一个随意性的行为，若是处理不当，很可能会引发劳资纠纷，因此管理者必须认真对待、科学处理。

09

白德巴定理：合理授权

——做管理者，不做管家婆

企业更需要团队合作，那种以权力为中心、自上而下、等级森严的管理方式已经不再适应时代的需要了，上、下级角色正在发生彻底改变，级别关系越来越模糊。管理者不再是集权者和发号施令者，他们正逐渐向教练、顾问、推动者、支持者和服务者等角色转变。同时，他们的管理压力也相应降低。作为团队领导者，应该适时控制自己发表演说和多管"闲事"的欲望，让下属有更多参与的机会和发挥的空间。

事必躬亲，是对员工能力的打压

一点故事

一位著名企业家在做报告。当听众咨询他最成功的做法时，他拿起粉笔在黑板上画了一个圈，只是并没有画圆满，留下一个缺口。他反问道"这是什么？""零。""圈。""未完成的事业。""成功。"台下的听众七嘴八舌地答道。他对这些回答不置可否"其实，这只是一个未画完整的句号。你们问我为什么会取得辉煌的业绩，道理很简单，我不会把事情做得很圆满，就像画个句号，一定要留个缺口，让我的下属去填满它。"

管理思考

管理者事必躬亲，是对员工能力的打压，出发点可能是好的，但往往事与愿违。久而久之，又容易使员工养成惰性，责任心大大缺失。他们会将责任全部推给管理者。情况严重的时候，会使员工产生腻烦心理，

164

就算工作中有难题、有疏漏、有错误，也不愿意向管理者提出。真正卓越的管理者应该在为员工画好蓝图之后，懂得给员工留下空间，让他们去发挥才智，也许他们会画得更好。但是，有不少管理者并不善于恰当地运用手中的权力，什么事都不放心，都要亲自过问。在这种对权力的严控中，管理者成了最忙最累的人，而整个管理局面却又迟迟难以打开。

鉴于这种情况，美国著名管理顾问比尔·翁肯曾提出了一个十分有趣的理论——"背上的猴子"。在这一理论中，"猴子"就是指组织中各成员的职责。对于任何一个组织来说，每个成员都有自己的职责，当他们加入组织以后，管理者就按照下属的职责，分配给他们不同的"猴子"。组织成员的工作就是完成自己的职责，也就是喂养自己的"猴子"。

在"猴子理论"中，企业的成功归根结底取决于"猴子"的健康。显然，如果组织成员能够出色地完成自己的职责，他所喂养的"猴子"就是健康的；但若他无法胜任自己的工作，不能履行自己的职责，他所照料的"猴子"就会生病。"猴子"生病无疑会影响组织的整体竞争力。而要想使"猴子"健康起来，关键在于协助员工完成自己的职责，提高其工作能力，或者将其调离，让能够胜任的人来承担这一职责。

然而，很多管理者却在这一问题上跌了跟头。他们一看到有"猴子"生病了，就迫不及待地把它接过来，亲自喂养。他们认为，这样可以使"猴子"尽快康复，殊不知，这种做法却会使更多的"猴子"变得脆弱不堪。

替下属"背猴子"的做法从眼前来看，似乎使解决问题的速度加快了；但若从长远的角度来看，管理者直接接管下属的工作，会阻碍下属的成长，剥夺下属独立解决问题的权利，长此以往，下属就会丧失解决问题的能力，就会变成事事处处"听命令、等指示、靠请示"的"应声虫"，失去主动性和独立性。对于管理者来说，替下属"背猴子"的行为也会将自己推入一个领导怪圈：当管理者接收了某一部属看养的"猴子"时，其他部属或为推卸责任，或图自己轻闲，也会主动将本该自己看养的"猴子"推给领导。这样，用不了多久，管理者就会陷入堆积如山、永远处理不完的琐事中不能自拔，甚至没有时间照顾自己的"猴子"——实施计划、组织、协调和控制的职能。

对于一个管理者来说，替下属"背猴子"的做法是不可取的。管理者亲力亲为是造成组织工作效率低下的最主要原因。不仅如此，管理者的亲力亲为还会打击下属的工作热情，甚至造成人才流失。古人说："自为则不能任贤，不能任贤则群贤皆散。"用今天的话说就是，如果管理者事必躬亲，就是对下属工作的不信任，不信任导致不肯放权，凡事都亲自出马，而不肯放权又会进一步加重下属的不信任感，感觉自己的价值不被承认，最终导致人才流失。过于能"干"的领导往往会导致有才能的下属流失，剩下的是一群不愿使用大脑的庸才，这样的团队的战斗力可想而知。

诸葛亮是个很好的谋臣，但却不是一个好的管理者，他"事必躬亲，呕心沥血"，为蜀国之事业奋斗终身，但却没有培养出一个能够独当一面的领导团队，以致在他死后"蜀中无大将"，从而使得国家倾覆。

翁肯的"猴子管理"法则的提出，目的在于提醒管理者，高效的领导就是在适当的时间，由适当人选用正确的方法做正确的事。一个高明的管理者习惯于教下属如何捕鱼，而不是送他一条鱼了事。因为他们知道，剥夺他人的主控权，去喂养他人的"猴子"，并不能从根本上帮他们解决问题，真正能够帮助他们的是耐心地教给他们方法，并容忍他们在成长中的错误。

第二次世界大战时，有人问一位将军："什么人适合当头儿？"

将军回答说："聪明而懒惰的人。"管理者的主要工作是什么呢？不是替下属"背猴子"，而是杰出的管理大师们口中的"Find the right way, find the right person to do"，即"找到正确的方法，找到正确的人去实施"。

只有不替下属"背猴子"，你才能不被"琐碎的多数的问题"所纠缠，而有充足的时间去思考和处理"重要的少数的问题"。一个成功的管理者不是整天忙得团团转的人，而是悠然自得地掌控一切的人。

不论是何种层级的管理者，一旦患上了亲力亲为的"职业病"，组织就危在旦夕了。管理者本人会被"琐碎的多数"纠缠得无暇顾及"重要的少数"，从而使组织失控；而每一个组织成员都会被卷入"忙的忙死了，闲的闲得想辞职"的旋涡中，从而失去战斗力。更可怕的是，亲力亲为的职业病还可能使管理者忘掉"让专业的人去做专业的事"的基本管理原则，从而导致领导的彻底失败。总之，管理者越想通过亲力亲为做好事情，就越会使事情变得一团糟；越想眉毛胡子一把抓，就越是什么都难做好，越难提升整个组织的绩效。

身为管理者，如果能让员工独立去抚养他们自己的"猴子"，员工就能真正地管理好自己的工作。这样管理者就会有足够的时间去做规划、协调、创新等重要的工作，从而使整个组织保持持续良好的运作。

亲力亲为在某种程度上是一种无能的表现，同时也是对权力资源的极大浪费，为聪明的管理者所不愿为、不屑为的。

是雄鹰就让他飞起来

▓一点故事

一个人在高山之巅的鹰巢里，抓到了一只幼鹰。他把幼鹰带回家，养在鸡笼里。这只幼鹰和鸡一起啄食、嬉闹和休息。它以为自己是一只鸡。这只鹰渐渐长大，羽翼丰满了，主人想把它训练成猎鹰，可是由于终日和鸡混在一起，它已经变得和鸡完全一样，根本没有飞的愿望了。主人试了各种办法，都毫无效果，最后把它带到山顶上，一把将它扔了出去。这只鹰像块石头似的，直掉下去。慌乱之中，它拼命地扑打翅膀，就这样，它终于飞了起来！

▓管理思考

每个人都希望能够证明自身的价值，你的下属也不例外。作为管理者，我们给予他们更大的空间去施展自己的才华，这是对他们最大的尊重和支持。不要总是害怕他们会失败，事实上没有失败就没有成长，我们只需给予他们适当的引导和扶持，然后放他们去飞翔，是雄鹰就给他们一片天空，是龙就给他们条大江大河扑腾扑腾。他们的成长将为你的工作带来更大的贡献，他们的成长将促使你更进一步。

现代社会活动错综复杂，一个管理者即使有三头六臂，也不可能独揽一切。一个高明的管理者，其高明之处就在明确了下级必须承担的各项责任之后，授予其相应权力，从而使每一个层次的人员都能司其职、尽其责。管理者除了作出必要的示范外，一般对部属无须太多干预，不宜事无大小一律过问。

管理者授权要注意责权统一的原则。授予部属一定的权力，必须使其负担相应的责任，有责无权不能有效地开展工作；反之，有权无责会导致不负责任地滥用权力。

管理者在授权时要考虑两个因素。

第一，要看公司规模的大小。公司规模越大，上层领导与基层工作距离越远，需要处理的各种事务越多、越复杂，管理者就应把更多的具体权力授予熟悉情况的部属。授权范围应视管理者能够弄清问题并作出正确决策的范围而定。

第二，要看公司业务活动的性质。业务活动的专业性越强，管理者就应授予负责该项业务活动的部属以更大的权力，允许其在业务活动范围内作出决断，这是避免"外行领导内行"的瞎指挥的一个重要措施。

在授权时，管理者还要考虑部属是否愿意接受权力和能否胜任指派的工作。有些下级并不总是欣然接受所授予的权力的，如果他们对问题本身不感兴趣，或者不愿意承担更多的责任，管理者也不必勉强。

有的管理者担心部属把事情弄糟，在授权时常常犹豫不决，甚至宁愿自己动手去做，这样领导就难以摆脱琐事的纠缠，而又使部属得不到锻炼。当然，管理者授权时还要考虑哪些权力是必须保留而不下授的。一般说来，管理者至少要保留以下几种权力：事关公司前途的重大决策权；直接部属和关键部门的人事任免权；监督和协调各个部属工作的权力。

这些权力均属管理者本人工作范围内的职权，不宜下授。

管理者在权力授出之后，还必须加强对部属的检查和协调工作，以观察部属能否正确使用所授予的权力。管理者只要能掌握一套强有力的检查控制系统，运用行之有效的检查控制方法，就能保证部属各司其职，各尽其责，使各项工作得以高效地开展。

人才，特别是知识分子，大多有较强的自信心和自尊心，有成就感和荣誉感，有通过自己的努力去完成某项工作或某种事业的心情和愿望。因此，管理者应该充分信任他们。

授权之后就放手让他们在职权范围内独立地处理问题，使他们有职有权，创造性地做好工作。对他们的工作除了进行一些必要的领导和检查外，不要去指手画脚，随意干涉。无数事实证明，这是一项用人要诀和领导艺术。信任人、尊重人，可以给人以巨大的精神鼓舞，激发其事业心和责任感。而且只有上级信任下级，下级才会信任上级，并产生一种向心力，使管理者和被管理者和谐一致地工作。相反，当一个人的自尊心受到伤害时，他就会本能地产生一种离心力和强烈的情绪冲动，影响工作和同事关系。

授权与信任密切相关。一个管理者如果不相信下级，那么就很难授权予下级，即使授了权，也形同虚设。有的领导一方面授权予下级，一方面又不放心，一怕他不能胜任，二怕他以后犯错误。对有才干的人还怕他不服管，具体表现为：越俎代庖，包办了下级的工作；越权指挥，给中层领导造成被动；不懂某方面的专业知识，却干涉下级的具体业务，甚至听信谗言，公开怀疑下级等。凡此种种，都会挫伤下级的积极性，不利于下级进行创造性的工作。

作为管理者，要想充分发挥下级工作的积极性和创造性，一方面要放权，使下级在一定范围内能自主决断。另一方面，要设身处地为部属着想，勇于承担部属工作中的失误，不能出了成绩是领导有力，有了过失即部属无能；要言而有信，不能出尔反尔，言行不一，否则部属就会对领导失去信任，领导也会因此而丧失威信。

古人云："非得贤难，用之难；非用之难，任之难也。"用人不疑，疑人不用。管理者应该把目标、职务、权力、责任四位一体地分授给合适的下级，并充分地信任他们，放手让他们工作。这才是作为管理者所应有的风格。

管理者要善于授权

一点故事

有一个国王老待在王宫里，感到很无聊，为了解闷，他叫人牵了一只猴子来给自己做伴。因为猴子天性聪明，很快就得到国王的喜爱。这只猴子到王宫后，国王给了它很多好吃的东西。猴子渐渐地长胖了，国王周围的人都很尊重它。国王对这只猴子更是十分相信和宠爱，甚至连自己的宝剑都让猴子拿着。

在王宫的附近，有一座供人游乐的树林。当春天来临的时候，这座树林简直美极了，成群结队的蜜蜂嗡嗡地咏叹着爱之弦律，争芳斗艳的鲜花用香气把林子弄得芳香扑鼻。国王被那里的美景所吸引，带着他的王后到林子里去。他把所有的随从都留在树林的外边，只留下猴子给自己做伴。

国王在树林里好奇地游了一遍，感到有点疲倦，就对猴子说："我想在这座花房里睡一会儿。如果有什么人想伤害我，你就要竭尽全力来保护我。"说完这几句话，国王就睡着了。

一只蜜蜂闻到花香飞了来，落在国王头上。猴子一看就火了，心想："这个倒霉的家伙竟敢在我的眼前蜇国王！"于是，它就开始阻挡。但是这只蜜蜂被赶走了，又有一只飞到国王身上。猴子大怒，抽出宝剑就照着蜜蜂砍下去，结果把国王的脑袋给砍了下来。

同国王睡在一起的王后吓了一跳，爬起来大声喊起来："哎呀！

你这个傻猴子，你究竟干了什么事儿呀！"

猴子把事情的经过原原本本地说了一遍，聚集在那里的人们把它抓了起来。

最后猴子也被砍头了。

管理思考

"国王"作为管理者的悲剧最主要原因就是选错了授权的对象。

授权的首要原则就是将权力授给能够胜任工作的人。授权之前领导者应该对下属进行完整的评价。如果你发现有的职员对自己的工作了解很深，并且远远超出你原来的预料，这些人就有可能具备担负重要工作任务的才能和智慧。如果你对职员的分析正确无误，那么选择能够胜任工作的人这一步就比较容易做好。没有正确选择授权对象只会有百害而无一利，寓言中的国王、猴子，甚至整个王国都是错误授权的受害者。

其实授权并不难，因为每个人都有自己擅长的领域，也有不熟悉的领域，所以在授权的时候要做到人尽其才，大胆起用精通某一行业或岗位的人，授予其充分的权力，使其具有独立做主的自由，能自己作出决定。这是管理人实现成功管理的简单原则，也是适应发展潮流的必然要求。

总的来说，领导者把目标、职务、权力和责任四位一体地分派给合适的员工，充分信任他们，放手让他们工作，是用人的要领。

人们都知道授权的重要，但有的能授好，有的却授不好，为什么呢？一个关键的问题在于授权者的态度。比较正确的态度应当包括以下四个方面的内容。

第一，取员工之长。任何人都有长处和短处，如果授权者能够着眼于员工的长处，那么他就可对员工放心大胆地予以任用。如果只看到员工的短处，那他就有可能由于担心员工的工作而对其加倍操心。所以，身为领导者，对于员工不妨先用七分的眼光去看长处，再用三分的眼光去看缺点，以强化自己对员工的信任感。

第二，权责相伴。领导者将本部门的工作目标确定以后，需要交付员工去执行。既然如此，就有必要将其相应的权力同时授给员工。身为领导者，应该使自己成为一个明白人，把权力愉快地授予承担相应工作的员工。当然，所授的权力不是没有边际的。最重要的是两权：员工对有关问题包括人事任免可以作出决定的决定权，对有关的人可以发号施令，让其做特定事情的发令权。这样，员工会因此感到上司对自己的信任和期望，为了不辜负这种期望，就会一心一意地去拼命工作。

第三，授权不是弃权。授权就是让员工有自主权，像自己当领导一样获得尊重与肯定，具有相当程度的成就感。授权并不是要你授权之后什么都不管，你仍须随时待命。当公司遭遇极大难题，员工解决不了，此时你仍必须亲自出马解决，绝不能坐视不理，让公司蒙受损失，否则就失去了授权的意义。

第四，视员工为事业伙伴。要做到成功的授权，必须视员工为事业伙伴。每位员工都期望得到管理者的赏识——若他们的心里有这种感受的话，就会尽全力为此奋斗。让员工有学习的机会——人不是生下来就会做事，任何事情都是学来的，即使是管理者也不例外。一定要让员工有学习与犯错误的机会，从错误中汲取教训，积累经验。精心教导员工——员工犯错，在所难免。任何人不可能什么事都由自己做，必须有心栽培值得信赖的可挖掘其潜力的员工，耐心地教导他们。

作为领导，应该大胆地授权，让员工自由发挥。这样，公司才留得住优秀的人才，这也是一个公司永续经营之道。这里为管理者提供五个"有效授权"的窍门。

第一，寻找可以授权的任务。如果你发现有的任务与工作不能向员工授权，需要反问自己：为什么不能授权？

第二，要熟悉你要授权的员工的背景、技术水平、资格、学历及工作能力。

第三，在授权后，当员工需要支持与帮助时，你能够及时出现，为员工解疑答问，提供必要的帮助（尤其在员工开始接收授权之时）。如果在授权后，需要员工独立作出决定，你要让授权的员工知道他拥有这种决策权。出现问题时，如果你不在场，安排其他人代替你帮助员工。

第四，与授权的员工沟通时要传达明确的信息。我们如何传达明白无误的信息呢？我们需要把不同的有效方式结合在一起，向员工传达我们的建议与指示。在检查员工是否理解管理者的指示与建议时，要善于积极、耐心地倾听。

第五，要检查授权员工的工作进度，或者制定工作进度检查表，随时监督工作的进程。及时向员工反馈意见，在必要的时候纠正员工工作中的偏差，或者支持员工坚持不懈地完成工作。

此外，领导者或管理者向员工授权时，有几个问题需要注意到。

第一，"因事择人，视能授权"，一切以被授权者才能的大小和水平的高低为依据。对被授权者进行严密的考察，力求将权力和责任授权给最合适的人。

第二，必须使被授权者明确所授事项的任务、目标和权责范围。

第三，所委托的工作应当力求是被授权者感兴趣、乐于完成的工作，双方应建立相互依赖的关系。所授的工作量以不超过被授权者的能力和体力所能承受的负荷为限度，适当留有余地。

第四，一般只能对直接下属授权，绝对不能越级授权。否则，会造成中层领导的被动，增加管理层和部门之间的矛盾。不可将不属于自己权力范围内的事授予员工，否则势必造成机构混乱、争权夺利等严重后果。

第五，尽量支持被授权者的工作，被授权者能够解决的问题，授权者不要再作决定或指令。

第六，凡涉及有关全局问题的，如决定组织的目标、方向和重大政策等，不可轻易授权。一般应由有关部门提出方案，最后由高层领导直接决策。

绝不要无端猜忌

一点故事

秦武王命将军甘茂攻打韩国的宜阳，甘茂在息壤时对秦武王说："宜阳是大城，加上途中有若干险阻之地，距离又在千里之外，攻打起来恐怕很费事。我真的很担心，会有人借此机会来诽谤我。"为了让武王明白他的忧虑，他讲了一些古时候的故事给武王听。

甘茂说："从前，有个与孔子的弟子曾参同名同姓的人杀了人。听的人以讹传讹，就去报告了曾参的母亲。曾母相信儿子的德行，所以丝毫不为所动。但是，一连有三个人报告同一件事，曾母为了避免连累而潜逃了。"

甘茂接着说："我的品行不及曾参，大王对我的信任也不及曾母对曾参，而且，怀疑我的人也不止三个，所以，我很担心大王不知不觉地

176

就相信了别人对我的谗言。"

武王听了甘茂说的话后，斩钉截铁地安慰道："我是不会听信谗言的，我愿意承担你的誓言。"

甘茂于是便放心地进军宜阳。开战后，用了 5 个月的时间，尚未成功，就像甘茂所担忧的那样，有人开始散布谣言中伤他了，武王也很快听信了，召回甘茂。甘茂质问武王："大王难道忘了在息壤的承诺了吗？"

武王这才恍然大悟，马上改变态度，动员全部军队支持甘茂，最后，终于攻下了宜阳。

▌▌管理思考

在这里，秦武王能够很快地纠正自己的错误，还是值得称道的。试想，如果秦武王不改变态度，那么甘茂为攻入宜阳所做的一切努力都会付诸东流，武王再想攻占宜阳恐怕就没有那么容易了。

这个故事告诉我们，授权以后就不要无端猜忌。无端猜忌，疑神疑鬼，杯弓蛇影，这是对下属的一种不尊重。有些管理者会对下属无端地猜疑，通常这类管理者都有过惨痛的教训，一朝被蛇咬，终生见绳惊。如果你是分公司的主管，你经常会在非上班的时间接到这类管理者的电话。如果你是基层职员，这类管理者会经常在你面前表示他对你的工作的关切。如果你是管理者身边的左右手，则你和管理者的关系必定是非亲非故。

这类管理者主持的公司，通常没有上轨道的制度。原因之一是这类管理者尚未精明到可设计一套足以防弊的制度（当然别人可代为设计，然而管理者绝不信任别人设计的制度）。其次管理者所持的观念是人治胜过法治。在这种管理者手下做事，员工心理负担之重可想而知。更严重的是，可能经常还要蒙受无处可申的不白之冤。

除非这类管理者是位雄才大略之士，否则其手下必定找不出大将之才，因为这类管理者眼中，容不下足以与他抢风头的下属。如果你属于这类管理者，而且已离职，有空记得与老同事叙叙旧，你将发现，公司许多弊端都是你惹的祸，你会成为百口莫辩的代罪羔羊。这类管理者为数不多，假使有谁不幸碰到了，也只能自求多福了。

每个人都有自己的标准，下属也不例外。当下属用自己的标准判断某件事的时候，作为管理者不要立即怀疑下属判断的对错。毕竟，你也是在用自己的标准评判下属！正确的做法是：当下属的标准和你的不一样时，首先给予下属起码的信任。因为信赖对方，才能赢得对方的敬意。即使偶尔被出卖了，只要你是正直且宽宏大量的，最后的成功会证明这些微不足道的小小叛逆是发生不了作用的。所以给予别人起码的信任正是一个人的成功之钥。尤其在同一个工作岗位的人际往来，互相信赖、互相联系是工作顺利的基本条件。因为缺少了起码的信赖，团体将没有办法齐心协力向共同目标迈进，当然更谈不上所谓"苦干"的敬业表现了。

今日社会，一个人无法办到的事，由几个人分工合作，就能发挥很高的效率。企业组织本来就是团体与小团体的结合体，假使构成这个结合体的每一分子都彼此猜疑，这个团体必然涣散而不堪一击。

要成为一个优秀的管理者，最基本的条件就是给予下属起码的信任，尊重他的个性、欣赏他的创意。这种尊重与欣赏可以使你的工作行事无往不利。不能信赖别人的人，会使工作生活中充满猜疑，自己做事情不顺利，连带会使受猜疑的人自暴自弃。如果是一个有才华的管理者，猜疑心太重还可能使自己"壮志未酬身先死"。

放权也不是一放了之

一点故事

　　1997年，51岁的高尔文接任摩托罗拉CEO。他是摩托罗拉创始人的孙子。按照他的思想，他认为应该充分授权，完全放手，让高级主管充分发挥能力。然而进入2000年以来，作为通信器材界的龙头老大的摩托罗拉，经营状况每况愈下，其市场占有率、股票市值、公司获利能力连连下跌。其市场占有率跌至13%，远远落后于占35%的诺基亚；股票市值一年内缩水72%。之所以造成这种不利局面，主要原因归结于高尔文过于放权。他总是拖延决策时间，不及时纠正下属出现的问题。

　　有一次，营销主管福洛斯特向高尔文建议，有一家叫麦肯广告的广告代理商业绩不好，应把它撤换掉。但高尔文个人对麦肯广告的负责人非常信任，所以不答应，表示应该再给对方一次机会。一年后，合作不力的麦肯广告业绩持续低迷，对公司总体发展造成恶劣影响，高尔文才

不得不同意撤换掉。

充分授权本是好事，但像高尔文这样放手太过，授权后一切不管不问，发现错误后也不当机立断纠正，根本不能及时掌握公司真正的经营状况，也只会对企业造成巨大损失。摩托罗拉曾实施了一项卫星通信铱星计划，执行该计划后，公司平均每年亏损 2 亿美元。但高尔文却迟迟没有叫停，以致差点将摩托罗拉拖入死胡同。

还有一次，摩托罗拉公关部门对外宣称，公司在 2000 年将卖出 1 亿部手机。了解市场的基层销售员工都清楚，这一目标根本不可能实现。只有总裁高尔文还不知道这件事，最后当然是失败。

到 2001 年年初，高尔文终于意识到他的管理方法出了严重问题。他担心摩托罗拉的光辉成就断送在他的手上，于是认真思索并着手调整。他重整组织，每周开一次高管会议，改变自己过于放任的管理作风，这才使摩托罗拉从颓势中慢慢扭转过来。

管理思考

在管理者中，高明的管理者不会把权力一放了之。信任下属固然必要，但把权力下放给下属时也不可做"甩手掌柜"。不管你对下属多么信任，在一些关键问题上该过问的一定要过问。如果放任员工，任其作为，那么不但收不到放权的效果，甚至可能破坏已有成绩。

有的领导将信任与放任混为一谈，给下属安排任务时说："这项工作就全拜托你了，一切都由你做主，你可以按照你自己的思路去办，不必向我请示，只要在月底前告诉我一声就可以了。"这可能会给员工一种不好的暗示，即这项工作对领导来说并不那么重要，就算我把它做好了，领导也不会嘉奖我。那我就随随便便去做好了。

员工的责任心和热情自然不高。

这就是放任下属的后果：不仅不会激发员工的积极性和创造性，反而会适得其反，引起他们的不满。

那么如何预防这种不良情况的出现呢？最好的办法就是监督。

高明的授权法是既要下放一定的权力给员工，又不能给他们以不受重视的感觉；既要检查督促员工的工作，又不能使员工感到有名无权。若想成为一名优秀的领导人，就必须深谙此道。

有一位在工作中经常成功地运用授权的公司主管这样描述他的工作职责："我每天的工作成分，有95%是为了未来5年、10年、20年做预先计划，换句话说，是为未来而工作。至于那些已经试办并有成例的事我很少插手，最多只管5%的事务，其余都归常任人员去做和负责，我只定期花少量时间去检查他们的进展如何。"

授权之后，主管的角色由工作的实施者变成工作的控制者，只有完成这一角色转换，授权才能走上合理、有效运行的轨道。

然而，并不是所有的管理者都能意识到这种转变，他们还不知道怎样在具体工作之外，获取有关工作的重要信息，实施有效的控制。确实，权力的收与放是一对矛盾体，收之过紧则扼杀创造性，放之过松则会造成局面的失控。管理者不仅要懂得放松，还要懂得怎样去做、放到何种程度。

那么，究竟如何做到既充分授权又不失控呢？下面几点颇为重要。

1. 评价授权风险

每次授权前，管理者都应评价它的风险。如果可能产生的弊害大大超过可能带来的收益，那就不予授权。如果可能产生的问题是由于管理者本身原因所致，则应主动校正自己的行为。当然，管理者不应一味追求平稳保险。一般来说，任何一项授权的潜在收益都和潜在风险并存，且成正比，风险越大，收益也越大。

2. 命令追踪

有些管理者在授权之后，常常忘记自己发出的指令，而对于已发出的命令进行追踪是确保命令顺利执行的最有效方法之一。

命令追踪的方式有两种。

第一种，管理者在发布授权指令后的一定时期，亲自观察命令执行的状况；第二种，管理者在发布授权指令的同时与下属商定，命令下达后，下属应当定期呈报命令执行状况的说明。

在进行命令追踪时，管理者必须明确追踪的目的在于：

控制命令是否按原定的计划执行；

考虑有无足以妨碍命令贯彻的意外情况出现；

考核下属执行命令的效率；

反思、检讨本人下达命令的技巧，以便下次改进命令下达的方式。

基于这样的目的，高明的管理者在命令追踪中，会把目光集中于：

下属所履行任务的质与量；

工作进度和工作态度；

下属是否有发挥创造性的余地；

命令是不是合适的，有无必要对命令本身做出修正，或下达新命令取而代之；

下属是否确切地了解命令的含义，并按命令的精神完成任务。

3. 监督进度

授权使管理者的控制发生了微妙的变化，因为授权，管理者对工作及局面的控制实际上是推后了，这反而使控制在授权中的地位得以凸显；而且必须使自己的控制技巧更加高明，才不至于使工作陷入失控状态；同时，因为授权，管理者得以从具体烦琐的事务性工作中腾出时间来，其中的一部分将被用来命令追踪和监督委派出去的工作，这几乎成为管理者对这些工作负责的唯一有效的形式。

一个优秀的管理者会根据授权，对自己的控制技术做细致的挑选和改造，以适应授权这种特殊的管理形式。照搬一般性的而非授权中的控制技术，往往适得其反。

4. 尽量减少反向授权

下属将自己应该完成的工作推给管理者去做，叫做反向授权，或者叫倒授权。发生反向授权的原因一般是：下属不愿冒风险，怕挨批评，缺乏信心，或者由于管理者本身"来者不拒"。除去特殊情况，管理者不能允许反向授权。解决反向授权的最好办法是在同下属谈工作时，让其把困难想得多一些、细一些。必要时，管理者可以帮助下属提出解决问题的方案。

授权就像放风筝，既要放，又要有线牵。光牵不放，飞不起来；光放不牵，风筝或飞不起来，或飞上天失控，并最终会栽到地上。只有依风顺势边放边牵，放牵得当，才能放得高、放得持久。风筝线的韧性足够好，才可能随时将风筝收回，否则，不是放出去了收不回来，就是收回来后又不敢再放出去，放风筝的乐趣全无。所以，管理者在下放权力的过程中一定要有一条可靠的"风筝线"，这条"线"就是足够的控制力，不要超出了自己力所能及的控制范围，要使授权与合理监控结合起来。